Timon Menge

DIE
FANTASTISCHEN
VIER

Timon Menge

DIE FANTASTISCHEN VIER

35 JAHRE TROYER HIP-HOP

riva

Bibliografische Information der Deutschen Nationalbibliothek
Die Deutsche Nationalbibliothek verzeichnet diese Publikation in der
Deutschen Nationalbibliografie. Detaillierte bibliografische Daten sind
im Internet über http://d-nb.de abrufbar.

Für Fragen und Anregungen
info@m-vg.de

Wichtiger Hinweis
Ausschließlich zum Zweck der besseren Lesbarkeit wurde auf eine genderspezifi-
sche Schreibweise sowie eine Mehrfachbezeichnung verzichtet. Alle personenbe-
zogenen Bezeichnungen sind somit geschlechtsneutral zu verstehen.

Originalausgabe
1. Auflage 2024
© 2024 by riva Verlag, ein Imprint der Münchner Verlagsgruppe GmbH
Türkenstraße 89
80799 München
Tel.: 089 651285-0

Redaktion: Selina Hartmann
Umschlaggestaltung: Sabrina Pronold
Umschlagabbildung: IMAGO/Hartenfelser
Satz: feschart print- und webdesign, Michaela Röhler, Leopoldshöhe
Druck: GGP Media GmbH, Pößneck
Printed in Germany

ISBN Print 978-3-7423-2636-2
ISBN E-Book (PDF) 978-3-7453-0627-9
ISBN E-Book (EPUB, Mobi) 978-3-7453-0643-9

Weitere Informationen zum Verlag finden Sie unter

www.rivaverlag.de
Beachten Sie auch unsere weiteren Verlage unter www.m-vg.de

INHALT

VORWORT

»MfG – Mit freundlichen Grüßen« – Als mir Smudo, Thomas D und Michi Beck diese Zeile zum ersten Mal entgegenrufen, bin ich acht Jahre alt. Zugegeben, damit bin ich altersbedingt spät zur Fanta-4-Party, denn zu diesem Zeitpunkt gibt es die Band bereits seit zehn Jahren. Außerdem verstehe ich viele Abkürzungen im Text gar nicht. LMAA? Wer weiß denn sowas? Und LSD? Da geht es um Glühbirnen, oder? Doch die Vier aus Baden-Württemberg fangen mich ein. Ich wünsche mir ihr neues Album 4:99 zu Weihnachten und bin fasziniert von der Düsternis, die die Platte ausstrahlt. »Michi Beck In Hell«? Ein Hammer für meine inzwischen neunjährigen Gehirnwindungen. Ich grusele mich, überspringe den Track aber nicht.

Später lege ich mir auch die vorherigen vier Alben der Fantastischen Vier zu und kann kaum glauben, was ich da höre. Das sollen dieselben Musiker sein wie auf 4:99? Die kindlich zu »Die da!?!« rumhopsen und in »Tag am Meer« eine Art Anleitung zur Meditation geben? Mir wird bewusst, wie wandlungsfähig die vier Hip-Hopper seit zehn Jahren sind, und meine Begeisterung wächst noch mehr.

Etwa fünf Jahre nach meinem Erstkontakt legen die Jungs ihre neue Single »Troy« nach. Wir schreiben das Jahr 2004 und ich kaufe mir den Song als sogenannte Pockit-CD. Kinder der Nullerjahre erinnern sich vielleicht an dieses eigenwillige Format in Hosentaschengröße. Einmal mehr stelle ich fest: Die Fantastischen Vier haben ein großes Talent dafür, sich neu zu erfinden. Und wieder begleiten sie mich durch eine prägende Phase meines Lebens. Was mir damals noch nicht klar ist: Die Gruppe wird auch 20 Jahre später noch da sein.

Seit mehr als 35 Jahren bleiben uns die Fantas nun schon troy. Vom Fall der Berliner Mauer über die Meisterschaft des VfB Stuttgart im Jahr 2007 bis hin zur Coronapandemie: Ein Leben ohne Smudo, Thomas D, Michi Beck und And.Ypsilon ist für viele Deutsche unvorstellbar. Das beweisen mehr als sechs Millionen verkaufte Tonträger, über 700 Konzerte, zehnfaches Gold und sechsfaches Platin.

In den 35 Jahren sind jede Menge Geschichten zustande gekommen. Geschichten von Videospielen und Werbespots, von Premieren und Projekten, von großen Hits und kreativen Hürden. Vom ersten Konzert auf Europaletten, dem VIVA-Sendestart oder der Zusammenarbeit mit Herbert Grönemeyer. Und von einem Tsunami. Viele dieser Anekdoten möchte ich in diesem Buch erzählen, natürlich mit freundlichen Grüßen an alle Verrückten da draußen, die mit oder an den Fantastischen Vier gewachsen sind oder gerade damit beginnen.

EINFÜHRUNG

Wer das Schaffen der Fantastischen Vier schon seit ihren Anfangstagen verfolgt, weiß sowieso Bescheid. Doch ich möchte an dieser Stelle auch all jene abholen, die noch keine Experten sind, und die Band womöglich erst seit ihrer Hitsingle »Zusammen« kennen.

In ihren frühen Zügen beginnt die Geschichte der Gruppe im Jahr 1986. Smudo, der mit bürgerlichem Namen Michael Bernd Schmidt heißt, und And.Ypsilon (sprich: Andi Ypsilon), der als Andreas Rieke zur Welt gekommen ist, rufen damals das Hip-Hop-Duo Die Zwielichtigen Zwei ins Leben. Später geht daraus das »Terminal Team« hervor und die beiden Computer-Nerds tauchen tief in die Welt des Sprechgesangs ein. 1988 stoßen auch Thomas Dürr alias Thomas D sowie Michael »Michi« Beck alias Dee Jot Hausmarke dazu und komplettieren das Quartett, das ab 1989 unter dem Namen Die Fantastischen Vier in die deutsche Musikgeschichte eingehen soll.

Ihr Debüt veröffentlichen die Fantas im Jahr 1991 und verpassen der Platte den prophezeienden Titel *Jetzt geht's ab*. Er soll sich bewahrheiten: Schon mit ihrem zweiten Album *4 gewinnt* gelingt der Gruppe der große Durchbruch, vor allem aufgrund der Hitsingle »Die da!?!«, die damals aus wirklich jedem Radio schallt. Mit *Die 4. Dimension* (1993), *Lauschgift* (1995) und *4:99* (1999) legen die Fantastischen Vier im Anschluss einen Lauf hin, der sie direkt an die Spitze des deutschen Pop-Olymp katapultiert. Und auch im neuen Jahrtausend knüpft die Band mit den Alben *Viel* (2004), *Fornika* (2007), *Für dich immer noch Fanta Sie* (2010), *Rekord* (2014) und *Captain Fantastic* (2018) an ihre sagenhaften Erfolge an. Deutscher Hip-Hop ohne die Fantas? Undenkbar.

Besetzungsänderungen gibt es über die Jahrzehnte keine. Das sieht man selten und es zeugt von der besonderen Verbindung zwischen Smudo, And.Ypsilon, Thomas D und Michi Beck. Gemeinsam haben die Vier alle nur erdenklichen Geschichten erlebt, von großer Berühmtheit über inszenierte Beerdigungen bis hin zu einem Auftritt im *Micky-Maus*-Magazin. Zusammengehalten hat sie ihre Freundschaft, ihr Miteinander, ihr »Zusammen«.

Die Anekdoten in diesem Buch sind grob chronologisch geordnet, doch je nach Sinnhaftigkeit werden wir auch kleine Zeitreisen unternehmen. Denn Mitte der Neunzigerjahre wird zum Beispiel noch einmal wichtig, welche Ausbildung Michi Beck in den Achtzigern absolviert hat. Und 2005 gewinnt plötzlich ein Anekdötchen an Bedeutung, das mit der allerersten Begegnung von Smudo und Thomas D in den Achtzigern zu tun hat.

Außerdem werde ich die Fantastischen Vier gelegentlich als »Stuttgarter« bezeichnen. Smudo würde mir an dieser Stelle wohl unzulässige Vereinfachung vorwerfen, schließlich verbringt er den Großteil seiner Jugend in Gerlingen, während Thomas D aus Ditzingen stammt. Bloß And.Ypsilon und Michi Beck sind tatsächlich Stuttgarter. Doch die Vier erleben ihren allerersten Auftritt in der baden-württembergischen Landeshauptstadt, genauso wie ihr Heimspiel zum 20-jährigen Jubiläum. Viele prägende Momente der Fanta 4 spielen sich in »Benztown« ab.

Eine vollständige Biografie wird ein gut 100-seitiges Büchlein niemals sein. Doch ich bin für euch tief in die Geschichte der Fantas eingetaucht und hoffe, dass es mir gelungen ist, einen Überblick aus 35 Jahren troyem Hip-Hop zusammenzustellen. Viel Spaß!

TECHNIK-TEAM

Die Gründung der Fantastischen Vier haben wir den Müttern von Smudo und And.Ypsilon zu verdanken. Denn nur durch die Freundschaft dieser zwei Damen werden die beiden Jungs im Alter von 14 Jahren miteinander verabredet, lernen sich kennen und können sich ihrem großen gemeinsamen Hobby widmen: dem Computer. Ihre Technikbegeisterung zieht einiges nach sich – und genau damit wollen wir uns in den nächsten Kapiteln beschäftigen.

Wer nach 2000 geboren ist, kennt bloß die Lagerfeuergeschichten von Computer-Usern der Neunziger, die über DOS-Befehle, Disketten und 56k-Modems berichten. Smudos Begeisterung für Rechner setzt sogar noch um einiges früher ein, nämlich Anfang der Achtzigerjahre, also zu einer Zeit, in der Heimcomputer für Normalverdiener noch nicht annähernd erschwinglich sind. Einiges bekommt er durch seinen Vater mit, der als Organisationsprogrammierer für Nixdorf arbeitet und Sohnemann ab und zu mit ins Büro nimmt. Dort sieht der kleine Michael Lochkartenlesemaschinen und darf mit einem Cursor auf einem Bildschirm herumspielen. Seine Neugierde ist geweckt. Ein eigener Computer bleibt aber zunächst in weiter Ferne.

Um seinem Interesse etwas näherzukommen, kauft sich Smudo hier und da Computerzeitschriften und leistet quasi Trockenübungen. Nachdem er seine Codes zu Hause notiert hat, sucht er das Kaufhaus Horten in der Stuttgarter Innenstadt auf, wo er seine »Listings«, also seine Computerbefehlfolgen, an ausgestellten Geräten testen kann.

Als er And.Ypsilon kennenlernt, eröffnet sich ihm eine neue Welt. Der Computer-Geek investiert all sein Geld in die neueste Technik und darf unter anderem einen Sinclair ZX81 sein Eigen nennen, also einen selbstprogrammierbaren Heimcomputer. Heute kaum noch vorstellbar: Den Rechner erwirbt And.Ypsilon damals nicht etwa fertig zusammengebaut. Nein, das Paket enthält einen Bausatz, den er vor Inbetriebnahme selbst zusammenlötet. Leider unterlaufen ihm dabei Fehler, weshalb er das Gerät zunächst in Reparatur schicken muss, bevor es losgehen kann. Die Wartezeit nutzt er, um die Bedienungsanleitung zu studieren und sich schon einmal auf seine ersten Programmiererfahrungen vorzubereiten. Als der Rechner endlich wieder bei ihm ankommt, teilt er ihn mit Smudo – und die beiden fuchsen sich gemeinsam in die Welt der Bits und Bytes ein. »Wir haben uns dann immer am Wochenende besucht«, erzählt And.Ypsilon in einem Podcast, »und hatten einen großen Programmierspaß. Das war der Himmel auf Erden für zwei frischgebackene Freunde.«

Wenig später gibt And.Ypsilon den ZX81 sogar komplett an Smudo weiter. Er steigt damals auf den brandaktuellen Texas Instruments 99/4A um, weshalb er den Sinclair ZX81 nicht mehr benötigt. Fortan gehört auch Smudo zur Riege begeisterter Heimcomputernutzer und verwendet den 1-Kilobyte-Speicher des ZX81, um sein Können im Umgang mit der Programmiersprache BASIC auszubauen. Heute besitzt jeder Taschenrechner mehr Kapazität.

Im weiteren Verlauf seiner Nerd-Karriere geht Smudo die gleichen Wege wie viele andere Computernutzer der ersten Stunde. Er beschäftigt sich mit dem VC 20, später mit dem Commodore 64. Doch irgendwann verliert er das Interesse am Programmieren. Das liegt zum einen daran, dass er sich lieber dem Gaming widmet; zum anderen hat Smudos und And.Ypsilons Computerbegeisterung zu gemeinsamen musikalischen Aktivitäten geführt, die einiges an Zeit in Anspruch nehmen.

And.Ypsilon hingegen bleibt am Ball, steigt zusätzlich in die Welt der Elektronikbastelei ein und beschäftigt sich mit der Produktion von Beats. Er entwickelt sogar einen eigenen Drumcomputer: die Bronx-Box. Und die soll in der Geschichte des Quartetts eine wichtige Rolle einnehmen.

BRONX-BOX

Wer von den Fantastischen Vier erzählt, muss auch von der Bronx-Box berichten. Dabei handelt es sich um ein kleines Rhythmusgerät, das And.Ypsilon in den Achtzigern selbst entwickelt, um den Hip-Hop-Sound der US-Ostküste nach Stuttgart zu holen. Damals sind er und Smudo noch zu zweit – und legen als Terminal Team den Grundstein für eine deutsche Erfolgsgeschichte.

Dass sich Heimcomputer auch für die Musikproduktion eignen, merken die zwei Geeks schnell. Vor allem And. Ypsilon findet immer neue einfallsreiche Wege, um seinen Rechnern die unterschiedlichsten Töne zu entlocken. »Hätte mein Vater mich nicht ab und zu mit Essen gelockt, wäre ich heute wahrscheinlich selbst ein Computer«, lacht der Schwabe in einem Interview. Eigentlich hätte er gerne Schlagzeug gespielt, doch das ist in einer Ludwigsburger Mietwohnung nicht so einfach. Umso leidenschaftlicher tobt er sich nun bei der Produktion von elektronischen Beats aus, ob mithilfe eingekaufter Sound-Files oder eigener Klangkreationen.

Zu den wichtigsten Meilensteinen in der Fanta-4-Geschichte zählt die Entwicklung der sogenannten Bronx-Box, also eines Drumcomputers, den And.Ypsilon in Eigenregie zusammenlötet und nach mehreren Varianten mit einem Commodore 64 ansteuert. In der deutschen Hip-Hop-Welt bedeutet das Gerät einen gravierenden Wettbewerbsvorteil. So programmieren damals zwar auch andere deutsche Rap-Begeisterte auf ihren Heimcomputern herum, doch keiner von ihnen kombiniert technisches Geschick und Musikbegeisterung so akribisch wie And.Ypsilon, der Stunde um Stunde investiert, um die Bronx-Box zu perfektionieren. Anders gesagt: Niemand sonst kann sich so hartnäckig an einer Sache festbeißen wie er. Selbst als der kleine Kasten bereits wunderbar funktioniert, stellt And.Ypsilon das Gerät noch mehrfach auf den Prüfstand, um ihm das absolute Maximum zu entlocken. Dadurch entsteht ein Sound, den er als »Hip-Hop-Drum-Machine mit Punk-Rock-Attitude« bezeichnet. Für die Pioniertaten zweier junger und hungriger Künstler könnte sich die Bronx-Box also kaum besser eignen.

Die Bezeichnung für ihre Konstruktion entleihen die beiden dem gleichnamigen New Yorker Stadtbezirk, aus dem der Hip-Hop in den Achtzigern über den großen Teich schwappt. Prägend ist zum Beispiel das US-Trio Boogie Down Productions mit dem Song »South Bronx«.

Auch was ihre eigenen Raps betrifft, leben And.Ypsilon und Smudo ihre Hip-Hop-Begeisterung zunächst in englischer Sprache aus. Schnell wird deutlich, dass Smudo mit dem Sprechgesang besser klarkommt. And.Ypsilon hingegen konzentriert sich fortan lieber voll auf den Sound, wodurch die perfekte Symbiose entsteht. Das Duo verpasst sich den Namen Die Zwielichtigen Zwei (später: Terminal Team), schreibt eigene Songs, stürzt sich in die lokale Partyszene und nimmt unzählige Demos auf, von denen And.Ypsilon viele bis heute aufbewahrt hat. Einige von ihnen veröffentlichen die Fantas im Jahr 2005 auf der Bonuskassette *Alter Scheiß*, die der Compilation *Best of 1990–2005* beiliegt. Das zeigt, welche historische Bedeutung die ersten Gehversuche mit der Bronx-Box in ihrer Geschichte haben.

Auch in der Ausstellung *TROY – 30 Jahre Die Fantastischen Vier*, die von Juli 2019 bis August 2020 im Stuttgarter StadtPalais – Museum für Stuttgart zu sehen ist, erhält der kleine Drumcomputer einen Ehrenplatz, und zwar nicht etwa in einer Vitrine, sondern in einem detailgetreuen Aufbau von And.Ypsilons Jugendzimmer – inklusive Commodore 64!

Als es mit den Fantas so richtig losgeht, hat die Bronx-Box allerdings schon wieder ausgedient und die Hip-Hopper steigen auf andere Gerätschaften um. Denn spätestens, als die Vier im Studio ihr Debüt *Jetzt geht's ab* aufnehmen, ist der selbstgebaute Drumcomputer nicht mehr standesgemäß.

Der Commodore 64 soll in der Geschichte der Fantastischen Vier allerdings noch ein zweites Mal eine entscheidende Rolle spielen. Diesmal ist es Smudo, der den Rechner nutzt, um die Band voranzutreiben, aber nicht in seiner Rolle als Musiker – sondern als Software-Programmierer.

PRICE OF PERIL

LOAD "PRICE OF PERIL",8,1 – Wer im Jahr 1988 die entsprechende Floppy Disk in das Laufwerk seines Commodore 64 einlegt und diesen Code in die Tastatur tippt, taucht in die Gedankenwelt eines jungen Programmierers namens

Michael Bernd Schmidt alias Smudo ein. Doch wie kommt es überhaupt dazu, dass der zukünftige Hip-Hop-Star ein eigenes Videospiel herausbringt – und was hat das Projekt mit der Zukunft der Fantastischen Vier zu tun?

In den Achtzigern sieht die Gaming-Welt noch ein bisschen anders aus als heute. Die neuesten Spiele lädt man damals nicht etwa aus der Cloud herunter, sondern man findet sie zum Beispiel in einschlägigen Printmagazinen, entweder in Code-Form zum Abschreiben (das bereitet besonders viel Spaß, etwa wenn man sich irgendwo vertippt hat) oder auf beigelegten Disketten. Eine der damals beliebten Zeitschriften heißt *Input 64*, erscheint monatlich im Heise-Verlag und versorgt die Computerszene zuverlässig mit den neuesten Infos. Auch Smudo gehört zu den regelmäßigen Lesern des Heftes, wodurch eins zum anderen führt.

Ihren Anfang nimmt die Geschichte damit, dass Smudo eine Computer-Fingerübung plant. Er interessiert sich für Adventures und möchte ausprobieren, was alles nötig ist, um selbst ein solches Spiel auf die Beine zu stellen. Sein großes Ziel ist ein komplexes und umfangreiches Game um einen Zauberlehrling, der Gegenstände suchen, kombinieren und tolle Zauber ausführen soll. Doch bevor er dieses Projekt angeht, möchte Smudo zunächst klein anfangen und überlegt sich zum Einstieg ein Spiel auf Grundlage der Kurzgeschichte »Prize Of Peril« von US-Autor Robert Sheckley.

Die Handlung der Story: Jim Raeder ist ein ganz normaler Typ, der durch seine Teilnahme an diversen gefährlichen Reality-TV-Formaten eine gewisse Berühmtheit erlangt. So hat er bei seinen Fernsehauftritten schon mehrfach mit dem Tod gerungen, ob bei Stierkämpfen, Formel-1-Rennen oder Hai-Attacken. Immer wieder hat er es geschafft, erfolgreich aus den brenzligen Situationen hervorzugehen, was schließ-

lich dazu führt, dass er eine Einladung zur größten der sogenannten Thrill-Shows erhält: *The Prize Of Peril*. Bei dieser
Sendung handelt es sich um die gefährlichste von allen, denn
die Aufgabe der Teilnehmenden ist es, einer Bande von Mör-
dern zu entkommen, die nur eine Sache im Sinn hat: das Tö-
ten der Spieler. Harter Tobak. Wie setzt Smudo das Ganze
also als Game um?

In der Commodore-64-Adaption der Kurzgeschichte
schlüpft der Videospieler in die Rolle von Jim Raeder und
trifft Entscheidungen aus der Perspektive des Gejagten. Das
funktioniert zum Beispiel mit Befehlen wie GEHE, NEHME,
SPRINGE oder SCHALTE. So weit, so einfach. Doch für Smudo gestaltet sich der Weg zum fertigen Spiel sehr viel um-
fangreicher als zunächst gedacht. Schnell merkt er, dass das
Programmieren eines Adventure-Games eine Mammutauf-
gabe ist, und sei es noch so übersichtlich. Er benötigt ein In-
ventar-Management, hantiert mit Vektorgrafiken und codet
ein Komprimierprogramm. Ganze anderthalb Jahre sitzt er
an dem Projekt, das eigentlich nur eine Übung sein sollte. Als
er endlich fertig ist, hat er die Nase voll. Doch einfach in die
Schublade legen möchte er das Spiel auch nicht.

Als *Input 64*-Leser hat Smudo schon zahlreiche Adventure-
Games gesehen. Er weiß: Mit *Price Of Peril* muss er sich nicht
verstecken. Also schreibt er der Redaktion des Magazins
einen Brief und fragt, ob das Spiel nicht eine geeignete Heft-
beilage wäre. Die erste Rückmeldung ist ernüchternd: Sowas
könne der Verlag nicht veröffentlichen. Zu brutal. Enttäuscht
packt Smudo sein Spiel zu den Akten. Doch ein Jahr später
klingelt aus heiterem Himmel das Telefon. *Input 64* ist dran.

Ob er sein Spiel nicht etwas gewaltfreier gestalten könnte,
möchte der Verlag wissen. Man habe gerade einen Adven-
ture-Wettbewerb ausgelobt und keins der eingeschickten

Spiele habe die Redaktion so überzeugt wie *Price Of Peril*. Es sei doch Quatsch, eins der aktuellen, nicht überzeugenden Games gewinnen zu lassen, obwohl man bereits ein Jahr zuvor ein viel besseres erhalten habe. Mit etwas weniger Gewalt könne Smudo das Spiel neu einreichen und das Preisgeld von 3 000 Mark absahnen. Das lässt sich der junge Computer-Fan nicht zweimal sagen. Smudo kramt *Price Of Peril* noch einmal heraus und nimmt unter großem Aufwand einige Änderungen vor. Wenig später ist es so weit: In der *Input 64*-Ausgabe 04/1988 liegt das fertige Spiel endlich als Diskette bei.

Als Smudo im Mai 2020 in einem Podcast auf seine Spielentwicklung zurückblickt, freut ihn vor allem eins: dass es auf Youtube inzwischen ein »Let's Play«-Video zu *Price Of Peril* gibt. Da habe sich jemand wirklich die Mühe gemacht, »sich durch das ganze Ding zu kämpfen«, wie der Rapper begeistert erzählt. Außerdem seien »Let's Play«-Clips eine sehr aktuelle Unterhaltungsform, was Videospiele beträfe, und es sei schön, dass sein erstes Game den langen Weg in diese Gegenwart zurückgelegt habe.

EM '88

Kurz nach dem *Price Of Peril*-Erfolg klingelt der Heise-Verlag gleich noch einmal bei Smudo durch. Ob er nicht eine Software zur Fußball-Europameisterschaft 1988 schreiben könnte, möchte die *Input 64*-Redaktion wissen. Smudo kann, baut ein sauber gecodetes Programm, das es Usern zum Beispiel ermöglicht, ihre eigenen Spielpläne auszudrucken – und ist in Ausgabe 06/1988 des C64-Magazins gleich noch einmal prominent vertreten.

Der Hintergrund zu der Auftragsarbeit: Die Fußball-Europameisterschaft 1988 findet zu Hause in Deutschland statt. Die ganze Nation ist im Fußballfieber, sogar noch mehr als sonst. Kein Wunder, dass der Heise-Verlag auf diesen Zug aufspringen möchte und ein Programm zur EM plant. Die *Input 64*-Leser sollen nicht länger per Hand herumrechnen müssen, sondern auf eine Software zugreifen können, die Punktestände und Tabellen automatisch errechnet. Auch Ausdrucke sollen möglich sein. Ein Luxus! Smudo hilft dabei.

Was all das mit den Fantastischen Vier zu tun hat? Ganz einfach: Die 3000 Mark Preisgeld für *Price Of Peril* und das Honorar für die EM-Software sind der Grundstein für eine der wichtigsten Kehrtwenden in der Bandgeschichte. Sie ermöglichen Smudo und Thomas D nämlich eine folgenschwere Reise in die USA. Aber, Moment mal: Wie haben sich die beiden eigentlich kennengelernt? Na klar: durch Videospiele.

FORSCHUNGSREISE

Einen eigenen Computer besitzen in den Achtzigern die Allerwenigsten. Gaming findet deshalb vor allem in Spielhallen statt; an großen Automaten, die sich ein 1-Mark-Stück nach dem anderen einverleiben – oder auch weniger, wenn man gut ist. So oft es geht, fährt Smudo mit einer Gruppe Jungs nach Stuttgart, um dort einen besonders umfangreich ausgestatteten Videospieltempel aufzusuchen. Zu der Gruppe gehört auch ein Kerl aus Ditzingen: Thomas D.

In dieser Geschichte laufen gleich sechs Zufälle zusammen, die dafür sorgen, dass die Fantastischen Vier und dieses Buch überhaupt existieren. Zufall Nummer eins: Smudo hat And.Ypsilon kennengelernt und die beiden nehmen ihre gemeinsamen Hip-Hop-Produktionen auf Kassetten auf. Zufall Nummer zwei: Smudo und Thomas D sind leidenschaftliche Videospieler, was dazu führt, dass die beiden des Öfteren zusammen im Auto sitzen und zum Zocken nach Stuttgart fahren. Auf den Fahrten haben sie genug Zeit, um sich die Tapes von Smudo und And.Ypsilon anzuhören, was Smudo auch mit liebevoller Strenge einfordert. Im Kopf geblieben ist Thomas D zum Beispiel die laut gerufene Zeile: »I wanna hit the DJ with a baseball bat – hit it!« Zufall Nummer drei: Auch Thomas D interessiert sich für Hip-Hop und hilft Smudo und And.Ypsilon bei der Umsetzung eines Geburtstags-Raps für Smudos damalige Angebetete. Die Fantastischen Drei sind geboren, zumindest quasi. Eigentlich heißt die Gruppe nach wie vor Terminal Team. Zufall Nummer vier: Smudo, And. Ypsilon und Thomas D gehen im Rahmen einer Hip-Hop-Party auf einen jungen DJ namens Michi Beck zu. Voller Begeisterung dafür, dass es im Stuttgarter Raum noch andere Hip-Hop-Begeisterte gibt, drückt Thomas dem DJ eine Visitenkarte in die Hand, auf der »Talentstudio Gunther Hanselmann« steht. »Wow, geil«, denkt Michi. »Der hat bestimmt voll mit Musik zu tun.« Doch als er die Nummer auf der Karte anruft, landet er in dem Friseursalon, in dem Thomas D zu jener Zeit arbeitet. Trotzdem: Aus drei werden vier, heißen allerdings immer noch Terminal Team. Zufall Nummer fünf: Smudo programmiert das Videospiel *Price Of Peril* und kassiert ein Preisgeld von 3000 D-Mark. Und Zufall Nummer sechs: Eine Reise, die eigentlich nur ein Urlaub sein sollte, weist den jungen Hip-Hoppern den Weg. Und das kommt so:

Als die 3 000 Mark für *Price Of Peril* und das Honorar für die EM-Software auf Smudos Konto landen, weiß der junge Musiker zunächst gar nicht, was er mit so viel Geld anfangen soll. Doch schon bald entwickelt er einen Plan. Ein Urlaub soll es sein, gemeinsam mit seinem Kumpel Thomas D. Für ganze dreieinhalb Monate reisen die beiden in die Vereinigten Staaten – und entscheiden noch vor Ort, dass ihre Band künftig auf Deutsch rappen soll. Aber warum eigentlich?

Für Hip-Hop-Fans sind die USA in den Achtzigern das gelobte Land. Da überrascht es nicht, dass Smudo und Thomas ihren Aufenthalt nicht nur für Sightseeing nutzen, sondern auch zahlreiche Plattenläden aufsuchen, an ihrer Musik arbeiten und mit ihren ständig wechselnden Couchsurfing-Gastgebern über ihre Hip-Hop-Leidenschaft sprechen. Die wiederum staunen nicht schlecht über die beiden deutschen Teenager, die zwar gar nicht richtig Englisch sprechen können, aber trotzdem ihre eigenen englischsprachigen Raps verfassen. Die einhellige Meinung der Probehörer lautet: Das ist ganz schön albern. Die deutschsprachigen Kompositionen hingegen kommen besser an. Daraus ziehen Smudo und Thomas ihre Lehren und fortan ist klar: Ihre Band verstellt sich nicht, sondern präsentiert sich als das, was sie ist: weiße Mittelstands-Kids aus Deutschland, die Bock auf Party haben. »Das ist schon lustig, dass uns die Amis erstmal sagen mussten, dass wir bitte auf Deutsch rappen sollen«, lacht Thomas D in einem Podcast-Interview.

Wieder zu Hause angekommen, informieren Smudo und Thomas die beiden anderen über ihre Erlebnisse. Die jungen Hip-Hopper verpassen sich den Namen Die Fantastischen Vier und holen sich sogar den Segen von der Comic-Schmiede Marvel ab, zu deren Verlagsprogramm ein gleichnamiges Comic-Heft zählt. Das damals noch relativ übersichtliche US-

DER D VON DER TANKSTELLE

Unternehmen zeigt sich entspannt und antwortet sowas wie: »Jungs, ihr macht keine Comics, wir machen keine Musik. Wir kommen uns schon nicht ins Gehege.« So bleibt es dann auch.

Heute bezeichnet Smudo die USA-Reise als »besten Invest« seines Lebens. Kein Wunder: Die dreieinhalb Monate in den Staaten sind der Grundstein für die jahrzehntelange Erfolgsgeschichte der Fantastischen Vier.

DER D VON DER TANKSTELLE

Im schwäbischen Ditzingen reiht sich eine Sehenswürdigkeit an die nächste. Vom Alten Rathaus mit dem Stadtmuseum über das Ditzinger Schloss bis hin zum Dreigiebelhaus am Markt: Wer in die architektonische Vielfalt der frühen und jüngeren Neuzeit eintauchen möchte, wird hier fündig. Das wohl bekannteste Bauwerk der Kreisstadt steht allerdings erst seit 1960: die Tankstelle von Thomas D.

Als Thomas Dürr am 30. Dezember 1968 als Hausgeburt zur Welt kommt, kann er die Aral schon fast sehen. Das Eigenheim seiner Eltern liegt gleich hinter der Tankstelle, die Mama und Papa Dürr erst vor wenigen Monaten von Thomas' Opa übernommen haben. Der wiederum hatte den Benzintempel überhaupt erst gegründet und seiner Familie damit zu einer zuverlässigen und krisensicheren Einnahmequelle verholfen.

In Thomas Ds Kindheit ist die Tankstelle ein wichtiger Ort. Gemeinsam mit seinen Freunden erkundet er das Industrie- und Wohngebiet drumherum, erlebt spannende

Abenteuer und genießt den direkten Zugriff auf das Süßigkeitenregal im elterlichen Betrieb. Wenn seine Freunde gerade keine Zeit haben, quatscht er einfach Tankstellenkunden an und fragt, ob sie mit ihm spielen oder ihm etwas vorlesen können. Anders gesagt: Der kleine Thomas ist nicht scheu und hat zudem jede Menge Flausen im Kopf. Groß damit beschäftigen können sich seine Eltern allerdings nicht, denn das Familienunternehmen kostet sie jede Menge Zeit.

Als Thomas älter ist, bringt auch er sich in den Betrieb ein. Er füllt die Wischwasserbehälter von Kunden auf, hilft als Tankwart aus und kippt auch mal ein bisschen Öl nach, falls nötig. Für den Rest wären die Mechaniker zuständig gewesen, verrät er in einem Interview. Später verliert er aber die Lust an der Tankstellenarbeit und nimmt einen Job als Hausmeister an.

Bis heute versteht Thomas D nur rudimentär, was genau sich unter einer Motorhaube abspielt. Dass sein Auto jedes Mal anspringt, ist in seinen Augen ein Wunder. Der Erbe der vielleicht bekanntesten Tankstelle Baden-Württembergs ist er trotzdem – und die gibt es noch heute.

PREMIERE AUF PALETTEN

Ihr erstes Konzert unter dem Namen Die Fantastischen Vier geben die Stuttgarter Hip-Hopper nicht etwa in einem Club, in einer Halle oder gar auf einem Festival. Nein, am 7. Juli 1989 rappen Smudo und Co. in einem Kindergarten – auf einem Stapel Europaletten. Um ihren ersten Auftritt als Quartett handelt es sich dabei allerdings nicht.

Ihr tatsächliches Live-Debüt, damals noch unter dem Namen Terminal Team, geben Smudo, Michi Beck, Thomas D und And.Ypsilon bereits am 10. Juni 1988 im Jugendhaus in Stuttgart-Heslach. Fünf D-Mark Eintritt soll der Abend kosten. Als die Musiker merken, dass kaum jemand bereit ist, diesen Preis zu bezahlen, senken sie ihn auf drei Mark. Eine der größten Hip-Hop-Gruppen Deutschlands? Davon ist noch nicht viel zu spüren. Vor allem Smudo ist höllisch nervös. Liveauftritte der Band übersteht Smudo viele Jahre lang nicht, ohne sich vorher vor Nervosität zu übergeben. Dann klaut an diesem ersten Abend auch noch jemand die Abendkasse mit 80 Mark Wechselgeld ... Trotzdem: Am Ende wird alles gut.

Die Musikanlage für ihr Konzert karren die jungen Musiker in einem Fleischtransporter zum Ort des Geschehens – gut gekühlt, versteht sich. Doch der Frost hält nicht lange an: Die Jungs heizen dem je nach Quelle 30 bis 90 Personen starken Publikum kräftig ein, unter anderem mit ihrem »Schweine-Rap«. Dabei handelt es sich um einen der wenigen deutschsprachigen Texte des Quartetts, denn der Auftritt fällt in die Zeit, als die vier Rapper noch englischsprachig unterwegs sind. Die USA-Reise von Smudo und Thomas steht erst noch bevor. Dennoch: Schon beim ersten Auftritt ist sicht- und hörbar, dass die Vier genau die richtige Energie versprühen, um es bis an die Spitze des Pop-Olymps zu schaffen. Das bemerkt wenig später auch Andreas »Bär« Läsker.

Bär betreibt damals einen Plattenladen in Stuttgart, zu dessen Stammkunden unter anderem Michi Beck zählt. So fährt der junge Rapper zu Beginn des Jahres 1989 regelmäßig mit seinem vollgemalten Audi A80 vor, um Bär zu fragen, ob das erste Album von De La Soul endlich da ist. Eines Tages drückt Michi dem Mann hinter dem Tresen eine Kassette von den Fantastischen Vier in die Hand. Er könne ja mal reinhören, sei von ihm, sei ganz cool. Bär befürchtet das Schlimmste. Schließlich ist Beck nicht der erste lokale Musiker, der von sich behauptet, den neuen heißen Scheiß gefunden zu haben. Doch diesmal ist alles anders. Als Bär das Tape hört, denkt er: »Wow, stimmt eigentlich.« Hip-Hop in deutscher Sprache; darauf ist noch keiner gekommen. Inzwischen sind Thomas und Smudo in den Staaten gewesen und haben die Idee mitgebracht. Bär beschließt, dem Projekt eine Chance zu geben, unterzeichnet einen Management-Vertrag mit den Jungs – und stellt auch gleich die erste Show für die vier Musiker auf die Beine.

In der Stuttgarter Party- und Konzertszene sind die Wege für Bär kurz. Er kennt alles und jeden, legt selbst regelmäßig als DJ auf und veranstaltet eigene Feten. Weil damals gerade der erste *Batman*-Film von Tim Burton über die Kinoleinwand flimmert und sich das Thema größter Beliebtheit erfreut, organisiert er eine *Batman*-Party in einem stillgelegten Kindergarten – und bucht auch die Fantastischen Vier dazu. Eine Bühne für seine neuen Schützlinge gibt es dort nicht, doch die Fantas wissen sich zu helfen und schleppen kurzerhand einige Europaletten in die Räumlichkeiten, um darauf zu performen.

Das Kindergartenkonzert am 7. Juli 1989 markiert den offiziellen Startschuss für die erste große Hip-Hop-Gruppe Deutschlands. Auch die Fantas selbst nehmen das Datum sehr ernst. Noch heute rufen sie sich an jedem Fanta-Geburtstag gegenseitig an – und gratulieren sich zu ihrer wilden Erfolgsgeschichte. Die nimmt schon bald ungeahnte Ausmaße an.

JETZT GEHT'S AB

Mit Manager Bär an ihrer Seite öffnen sich den Fantastischen Vier etliche Türen. So geht der clevere Geschäftsmann nach der Vertragsunterschrift sofort in den Angriffsmodus über und lässt seine zahlreichen Kontakte spielen. Zu ihnen zählt auch der EMI-Publishing-Mitarbeiter Addo Casper – und der findet rasch Gefallen an den Fantas.

Ganze 5000 Mark sagt der Verlagsmitarbeiter den jungen Rappern zu. Für ihn ist es bloß ein bisschen Spielgeld, doch für Smudo und Co. bedeutet die Summe professionellere Aufnahmen und das erste Demoband. Der Bewerbung bei Plattenfirmen stünde dann nichts mehr im Wege. Und genau dazu hatte ihnen Bär geraten, nachdem sie ihn darüber unterrichtet hatten, dass sie eine Eigenproduktion mit einer Auflage von etwa 1000 Exemplaren planen. »Nee, das bezahlen wir nicht aus unserer Kasse«, hatte Bär klargestellt. Dass eine Eigenfinanzierung tatsächlich unnötig bleibt, ermöglicht er selbst.

Was ihr Demo betrifft, entscheiden sich die Fantas für Neuaufnahmen der Titel »Hausmeister Thomas D« (benannt nach dem Nebenjob, den der Rapper tatsächlich kurzzeitig ausübt), »Jetzt geht's ab« und »Tanz den Thomas D«. Anschließend händigen sie das Band an Casper aus – und der leistet einen großen Beitrag zur Geschichte der Fantastischen Vier.

Es ist eins der üblichen Meetings mit Fitz Braum von Sony Music. Mit seinen neuen Sichtungen im Gepäck, stattet Casper dem Label-Entscheider einen Besuch ab. »Uninteressant«, bekommt Casper gleich mehrfach zu hören. Ob er nicht etwas »Schwieriges« dabeihabe, möchte Braum wissen. Casper überlegt, zückt die Kassette mit den drei Demo-Songs der Fantas und lässt den Sony-Mitarbeiter an seiner Entdeckung teilhaben. Ein direktes »Ja« lässt sich Braum zu diesem Zeitpunkt noch nicht entlocken. Aber er verspricht, sich näher mit der Gruppe zu beschäftigen.

Wenig später besucht der Talentscout ein Live-Konzert der Fantastischen Vier – natürlich ausgerechnet eins, bei dem fast alles schiefgeht. Doch als Braum nach dem Gig hinter die Bühne geht, sieht er vier Jugendliche, die sich lauthals über den schlechten Gig echauffieren. Die ihre Sache ernst nehmen. Das Feuer gefällt ihm – und er beschließt, die Fantas unter Vertrag zu nehmen.

Von da an ändert sich einiges. Diesmal bekommt *jeder* der vier Musiker 5 000 Mark ausgezahlt. Die Produktion des ersten Albums übernimmt die Sony natürlich auch. Ein großer Grund zur Freude! Ein Problem gibt es aber noch: Michi Beck steckt mitten im Zivildienst und hat nur bedingt Zeit, eine Platte aufzunehmen. Auch hier zeigt Braum Einsatz und schreibt Michis Chefin höchstpersönlich einen Brief. Er habe große Pläne mit ihrem Schützling; ob sie ihn nicht für ein paar Aufnahme-Sessions freistellen könne. Sie stimmt zu. »Das musst du dann aber nacharbeiten«, teilt sie Michi mit einem Augenzwinkern mit – wohl wissend, dass er dafür wohl nie wieder Zeit haben wird, wenn das stimmt, was in Braums Brief steht.

Die Fantastischen Vier wollen Popstars werden. Unbedingt. Das unterscheidet sie von vielen anderen Musikern, die später in Interviews gerne behaupten, der Erfolg sei überraschend gekommen. Zwar mag dieser Überraschungseffekt auch auf die Fantastischen Vier zutreffen, doch sie arbeiten von Anfang an hart, um ihr Ziel zu erreichen.

Schon bald erscheint ihre erste Single »Hausmeister Thomas D« mit einem Sample aus »Brickhouse« von den Commodores. Samples sind damals eine der heißesten Handelswaren in der Hip-Hop-Welt, weshalb sich sogar der Trend des sogenannten »Deck-Sharking« entwickelt. Das bedeutet, dass man sich im Club mehr oder weniger unauffällig zum DJ stellt, um abzugucken, welche Samples er für seinen Gig nutzt – und sie anschließend ebenfalls zu verwenden.

Im August 1991 folgt *Jetzt geht's ab*, das Debüt der Fantastischen Vier – und zwar mit einem Artwork für das unter anderem eine zerknüllte rote Folie zum Einsatz kommt. Die Presse zeigt sich damals verhalten; auch der kommerzielle Erfolg hält sich noch in Grenzen. Doch die Fantas erreichen mit der Platte genau das, was sie erreichen wollen: Das Label erklärt sich bereit, ein zweites Album mit den vier Musikern aufnehmen. Zunächst schlagen die vier Rapper aber noch zwei kleine Umwege ein.

GOLF GTI

1991 ist der Opel Manta in Deutschland noch ein gesellschaftliches Phänomen. Wie sonst kann man es sich erklären, dass in jenem Jahr gleich zwei Kinofilme über das sportliche Coupé anlaufen? Bei einem der beiden Streifen handelt es sich um *Manta, Manta* mit Til Schweiger und Tina Ruland in den Hauptrollen. Schon vier Wochen früher setzt eine weitere Komödie den Blinker nach links: *Manta – Der Film*. Helge Schneider, Dieter Thomas Heck, Ralf Richter: Sie alle wirken in der Produktion mit. Und die Fantastischen Vier? Die steuern einen Song zum Soundtrack bei – den Track »Golf GTI«. Moment mal. Hä??

Die Beatles oder die Rolling Stones? *Star Wars* oder *Star Trek*? Ketchup oder Mayo? Es gibt Fragen, bei denen man sich entscheiden muss. Ende der Achtziger und zu Beginn der Neunziger lautet eine dieser Fragen: Golf GTI oder Opel Manta? Und um genau diesen Konflikt geht es auch in *Manta – Der Film*.

Hier ein grober Überblick: Manfred »Manni« Grabowski (Sebastian Rudolph) ist 17 Jahre jung und wünscht sich nichts sehnlicher als einen Golf GTI. Wirklich nichts? Nun ja, er findet seine Mitfahrschülerin Tina (Nadeshda Brennicke) ganz schön toll. Die ist allerdings im Golf-Club – womit wir wieder bei Wunsch Nummer eins wären.

Eine unglückliche Wendung nimmt Mannis Leben, als er in einem Preisausschreiben ausgerechnet einen aufgemotzten Opel Manta gewinnt. In so einer Karre kann er Tina unmöglich durch die Gegend kutschieren. Tatsächlich wendet sich Tina lieber Phil (Jophi Ries) zu, denn der fährt einen Golf. Werden Manni und Tina trotzdem noch zusammenfinden?

Darüber hinaus stellt sich die Frage, auf welcher Seite der Debatte denn nun die Fantas stehen. Unterstützen sie mit ihrem Track etwa Tina und Phil, die den armen Manni im Regen stehen lassen? Das könnte man aufgrund des Songtitels annehmen, doch ein genauer Blick in den Text schafft Klarheit: »Er hält sich für den Klügsten, doch denken tut er nie / Und der Wagen, den er fährt, ist'n Golf GTI«. Ah! Außerdem noch ein kleiner Tipp: Hört euch mal die ersten 60 Sekunden von »Golf GTI« und die ersten 60 Sekunden von »Geboren« (2004) an. Krass, oder?

Als *Manta – Der Film* rauskommt, hält sich der Streifen mehrere Wochen auf Platz eins der Kinocharts und entwickelt sich zum erfolgreichsten in Deutschland produzierten Kinofilm des Jahres 1991. Mehr als eine Million Zuschauer sehen sich den Streifen im Kino an – und hören dabei unter anderem die Musik der Fantastischen Vier.

FROHES FEST

Nicht »Ho, ho, ho«, sondern »Yo, yo, yo« – Im Jahr 1991 nehmen die Fantas ihre Interpretation eines Weihnachtssongs auf. Die Idee dazu stammt von Manager Bär, der nach dem erfolgreichen Musikvideo zur zweiten Fanta-4-Single »Mikrofonprofessor« keine Zeit verlieren und an den Erfolg anknüpfen möchte. Tatsächlich schreiben Smudo und Co. einen Festtags-Hit – allerdings sicher nicht so, wie sich Bär das vorgestellt hat.

Für das erste Brainstorming finden sich die Fantastischen Vier wie gewohnt in And.Ypsilons Jugendzimmer ein. Doch so richtig voran kommen sie zunächst nicht. Erst als Michi eine Weihnachts-CD seiner Mutter mitbringt und schließlich auf die Textzeile »Mein Dealer freut sich, dass ich an der Nadel häng« kommt, schreiben sich die Fantas in einen Rausch – und komponieren ein Weihnachtslied der völlig anderen Sorte.

Statt von Rentieren, Geschenken und Weihnachtsbraten handelt »Frohes Fest« von den düstersten Seiten der Weihnachtstage. Von kaputten Familien über Einsamkeit bis hin zu Kindesmissbrauch und Drogenabhängigkeit thematisieren die vier Musiker in dem Song alles, womit sich manche an Weihnachten eben leider auch herumschlagen müssen.

Für die B-Seite nehmen die Stuttgarter eine deutsche Coverversion des Tracks »One On One« von der 2 Live Crew auf, also von einer Hip-Hop-Truppe, die nicht unbedingt für ihre jugendfreien Texte bekannt ist.

Als die Single Ende 1991 rauskommt, tut sich erstmal nicht so viel. Doch 1992 erscheint »Frohes Fest« gleich nochmal und funktioniert besser. Die neue Aufmerksamkeit zieht allerdings auch einen Zwischenfall nach sich: Ein Pädagogikprofessor aus Heidelberg stört sich an den expliziten Texten der beiden Songs und reicht einen Indizierungsantrag ein. Wie es oft so ist, bewirkt der aber genau das Gegenteil und sorgt dafür, dass »Frohes Fest« erst recht in größeren Mengen über die Ladentheke geht. Eine Indizierung bedeutet nicht etwa ein Verkaufsverbot, wie oftmals vermutet. Lediglich der Verkauf an Kinder und Jugendliche sowie die öffentliche Bewerbung eines Produkts werden durch eine Indizierung untersagt.

Tatsächlich kommt es am 4. November 1993 zur Indizierung der Single, was aber ironischerweise nur an zweiter Stelle am Song der Fantastischen Vier liegt. Den lobt die Bundesprüfstelle für jugendgefährdende Schriften ursprünglich sogar für seinen künstlerischen Anspruch und seine satirischen Absichten. Nein, Stein des Anstoßes ist vor allem die Coverversion von »One On One«, die der Behörde vermutlich etwas zu stumpf ist und als pornografisch und frauenfeindlich kategorisiert wird. In diesem Zusammenhang sei dann auch »Frohes Fest« problematisch. Außerdem erschließe sich der satirische Inhalt des Songs nur erwachsenen Hörern und könne negativ auf Kinder einwirken.

Zum offiziellen Anhörungstermin der Prüfstelle tauchen die Fantas gar nicht erst auf. Sie wissen genau um den kommerziellen Effekt einer Indizierung und haben kein Interesse daran, die Behörde von dieser Werbemaßnahme abzuhalten. Der Heidelberger Pädagoge, der den Antrag eingereicht hat, soll später sogar ein Dankes-Fax von Bär erhalten.

25 Jahre später prüft ein Gremium erneut, ob die Voraussetzungen für eine weitere Indizierung gegeben sind. Diesmal lautet das Urteil: »Beim Titel ›Frohes Fest‹ dominiere die satirische Auseinandersetzung mit der oftmals überzeichneten Vorstellung einer ›heilen Welt‹, wie sie stereotyp mit dem Weihnachtsfest verbunden werde. Die Darstellung der Charaktere, die mittels sexuellem Missbrauch, Drogenkonsum und achtlosem Geschlechtsverkehr die Kontrapunkte zur ›heilen Welt‹ setzten, sei von Ironie geprägt. Diese Ironie strahle auch auf den Titel ›Eins und Eins‹ aus.« Die Indizierung wird am 29. Oktober 2018 aufgehoben.

Dass das Interesse an der Weihnachts-Single der Fantastischen Vier Ende 1992 so groß ist, liegt also einerseits an der Einstufung als jugendgefährdendes Medium. Es gibt aber auch noch einen anderen Grund für den plötzlichen Erfolg des Fanta-4-Feiertags-Hits: Der Band ist inzwischen der ganz große Durchbruch gelungen. Aber wie ist das passiert? War es etwa die da, die da am Eingang steht?

4 GEWINNT

Mit ihrem ersten Album *Jetzt geht's ab* war den Fantastischen Vier der Wechsel auf die Überholspur gelungen, was ihre Plattenfirma dazu veranlasst hatte, den Newcomern gleich noch eine Chance zu geben. Damals gibt es noch so etwas wie »Artist Development«. Das bedeutet, dass ein mittelmäßig laufendes Debüt nicht sofort das Ende einer jungen Band markiert, sondern dass Künstler gezielt aufgebaut werden. Die Erfolgsgeschichte der Fantas soll also weitergeschrieben werden. Bloß eine Sache legt man den Stuttgartern diesmal nah: Sie sollen doch bitte auch in Richtung Radio überlegen. Ein Single-Hit, das wäre was, so die einhellige Meinung. Das Label hat noch keine Ahnung, wie sehr die Fantastischen Vier diesen Wunsch erfüllen werden.

Schon zu Beginn der Arbeit an ihrer zweiten Platte *4 gewinnt* sind die Musiker schwer mit dem Gedanken beschäftigt, einen Hit schreiben zu wollen. Sie wissen aber auch: Der Schwierigkeitsgrad ist hoch. Einen Hit schreiben – das wollen schließlich alle. Außerdem ist die Neue Deutsche Welle gerade erst vorüber und hat im Radio ein Ödland für deutschsprachige Musik hinterlassen. Die Fantastischen Vier sehen es als Herausforderung, organisieren sich zahlreiche neue Samples, spielen fleißig damit herum und machen sich auf die Suche nach dem perfekten Sound für ihr zweites Album.

Mit dem Samplen ist das damals noch so eine Sache. Der Hip-Hop steckt in den Kinderschuhen, zumindest in Deutschland. Die rechtliche Lage ist noch völlig ungeklärt und niemand weiß, wie man so einen Song-Schnipsel eigentlich korrekt meldet. Erst später wird es Vereinbarungen geben, die das Ganze regeln.

Auch das Thema »Hit« hat für die Fantas nicht nur Vorteile. In der Hip-Hop-Szene fürchtet man sich zu Beginn der Neunziger vor dem Mainstream. Genau wie in vielen anderen Subkulturen gibt es Gralshüter, die den Geist der Szene bewahren wollen und über diesen Wunsch konservativ werden. »Was ein Quatsch«, denken sich die Fantas. Muss der Begriff des Hip-Hops in Deutschland nicht ohnehin erst noch mit Leben gefüllt werden? Wer weiß schon, was richtig ist und was falsch. Vielleicht gehört das Schreiben eines Hits hierzulande ja dazu. Und was ist das überhaupt, ein Hip-Hop-Hit? Ist es vielleicht die Aufgabe der Fantastischen Vier, genau das herauszufinden? Einreden kann man sich viel, das steht fest. Doch rückblickend muss man sagen: Die Fantastischen Vier greifen der allgemeinen Entwicklung im Hip-Hop damals bloß voraus. Sie gehören zu den Pionieren, die dafür sorgen, dass das Genre später überhaupt in den Mainstream vordringen kann. Das kann man blöd finden. Man kann sich aber auch darüber freuen.

Die Fantas finden damals jedenfalls Stück für Stück ihren Weg zwischen Sprechgesang und Popmusik. Sie komponieren neue Songs wie den Titeltrack »4 gewinnt«, »Hip Hop Musik«, »Saft« und »Die Frau, die freitags nicht kann«. Als sie dem Label die ersten neuen Stücke präsentieren, kommt die Frage auf, welches von ihnen als erste Single erscheinen soll. »Saft«, lautet einer der Vorschläge der Band. Doch dazu hat Manager Bär eine ganz klare Meinung. Ob die Jungs eigentlich bescheuert wären, möchte er wissen. Ein Text über den Austausch von Körperflüssigkeiten? Im Radio? Das gehe auf gar keinen Fall. Stattdessen fällt die Wahl sehr deutlich auf einen anderen Song aus dem neuen Repertoire. Der heißt später allerdings nicht mehr »Die Frau, die freitags nicht kann«, sondern schlicht: »Die da!?!«. Ihn als Single auszukoppeln, soll sich als eine der besten Entscheidungen in der Karriere der Fantastischen Vier herausstellen. Doch so richtig freuen können sich die Musiker über ihren großen Wurf nicht immer.

DIE DA

»Ist es die da, die da, die da oder die da?« Diese Zeile von den Fantastischen Vier kennen sogar die meisten Großeltern. Für die Band markiert der Song den größten Segen, aber zeitweise auch den größten Fluch ihrer Karriere. Dabei wissen sie zu Anfang nicht einmal, ob sie auf das richtige Pferd gesetzt haben.

Als es um die erste Single-Veröffentlichung vom zweiten Fanta-4-Album *4 gewinnt* geht, ist schnell klar: »Die da!?!« soll es werden. Der Song basiert auf einer alten Nummer von Smudo, die den Titel »Wie konnte ich nur so blöd sein« trägt, und tatsächlich von einer unfreiwilligen Dreiecksbeziehung zwischen ihm, einer Frau und Bandkollege Thomas D handelt. Für die Neuauflage der Nummer beschließen die Fantas, das Ganze mit etwas mehr Witz zu garnieren, und genau so geschieht es dann auch.

Die Plattenfirma mag den Song auf Anhieb, plant aber zunächst keine allzu großen Sprünge. Eine große Werbekampagne bleibt aus, auch ein Musikvideo ist erstmal kein Thema. Stattdessen setzt das Label voll aufs Radio und schickt die Fantas auf Promotour. Termin um Termin bewerben die Musiker ihren potenziellen Chart-Stürmer; alle wichtigen Redaktionen erhalten Musterexemplare.

Als die Single im Herbst 1992 schließlich erscheint, wartet das gesamte Umfeld der Fantastischen Vier gespannt auf die Reaktion der Öffentlichkeit. Und siehe da: »Die da?!?« steigt auf Platz 98 in die Charts ein! Okay, zugegeben: Allzu ruhmreich klingt das noch nicht. Aber was nicht ist, kann ja noch werden. Nur eine Woche später folgt die schlechte Nachricht: Die Single ist schon wieder aus der Hitparade verschwunden. Soll es das schon gewesen sein? War der »große Hit« am Ende doch nur ein Mini-Strohfeuerchen? Smudo und Co. bleiben am Ball – und das zahlt sich aus.

Im Gegensatz zu vielen anderen ernsteren Künstlern, haben die Fantastischen Vier kein Problem damit, den großen Teenie-Zeitschriften wie *Bravo*, *PopRocky* und *Popcorn* in die Karten zu spielen. Sie machen jeden Quatsch mit und die Magazine belohnen sie dafür mit reichlich Präsenz. Das hat Folgen: »Die da!?!« steigt noch einmal in die Charts ein – und diesmal entwickelt sich der Song zum Mega-Hit. Nicht nur das ...

Die Single wird so erfolgreich, dass sich die Band innerhalb weniger Wochen an der Spitze der deutschen Pop-Welt wiederfindet. Ein Musikvideo braucht es nun natürlich doch. Sogar MTV London hat bereits Interesse bekundet und fliegt die deutschen Hip-Hopper extra für einen Fernsehauftritt im Privatjet nach London ein. Noch im Flugzeug teilt Manager Bär seinen Jungs mit, dass *4 gewinnt* Platinstatus erreicht hat. Ob sie wüssten, dass sie nun Millionäre wären. Man kann sich die ausschweifende Freude nach jahrelanger harter Arbeit vorstellen.

Doch der Ruhm bringt auch Probleme mit sich. Die Band wird in den Himmel gelobt, aber auch von unzähligen Fans belagert, die ihnen »Die da oder die da!« hinterherrufen.

In ihrer eigenen Szene hinterlassen die Fantas durch ihren großen Chart-Erfolg viel verbrannte Erde. So mancher Hip-Hop-bibeltreue Rapper wendet sich entgeistert von den Mainstream gewordenen Stuttgartern ab. Wilde Zeiten für die Fantastischen Vier, in denen es gut ist, dass sie einander haben, wie sie in Interviews erklären. Ihren Hit »Die da!?!« hassen sie bisweilen so sehr, dass der Songtitel intern nicht mehr genannt werden darf.

Jahrzehnte später zeigt sich Smudo in einem Podcast etwas versöhnlicher. »Das Haus, in dem ich sitze«, berichtet er, »die Versorgung meiner Kinder ... Das hat der deutsche Hip-Hop gemacht, ja, das hat am Ende ›Die da!?!‹ gemacht.«

Auch auf die möglichen Werbeeinnahmen möchten sie zu Beginn der Neunziger nicht verzichten.

HOHES C

Ende 1992 läuft »Die da!?!« überall. Nein, wirklich: überall. Selbst in der Werbung wird der Song inzwischen ausgeschlachtet, obwohl die Fantas ihn dafür gar nicht freigegeben haben. Als ein großer Safthersteller bei den Stuttgartern anfragt, wittern sie deshalb eine Chance.

Eines Morgens wacht Smudo auf und aus dem Radio krächzt ein Eiscreme-Spot, in dem offensichtlich »Die da!?!« plagiiert wird. Er hat genug. Sofort ruft er den Anwalt der Band an und möchte wissen, ob jemand den Song für diesen Zweck lizensiert hat. »Nein«, lautet die Antwort – und sogleich macht sich eine einstweilige Verfügung auf den Weg, die dem Eiscreme-Hersteller untersagt, das Lied weiterhin zu verwenden. Das Problem: Solch ein rechtlicher Schritt braucht seine Zeit und oftmals ist eine Werbekampagne schon wieder gelaufen, sobald das Verbot greift.

Es ärgert die Fantastischen Vier, das Hinz und Kunz über ihren Hit verfügen, ohne zu fragen. Auch, dass sie kaum etwas dagegen unternehmen können, wurmt die Stuttgarter. Als der Safthersteller Hohes C bei den Vier durchklingelt und den jungen Rappern 250 000 D-Mark anbietet, um »Die da!?!« für einen Werbespot nutzen zu dürfen, schlagen sie deshalb erst recht ein. Aber warum?

Zum einen hoffen sie, dass eine offizielle, reichweitenstarke Werbung den zahlreichen Plagiaten ein Ende setzt. Damit sollen sie Recht behalten. Zum anderen: Wer beschwert sich schon über 250 000 Mark? Mit dem Ruhm wächst auch die Infrastruktur der Band – und die muss bezahlt werden.

Doch schon als der Hohes-C-Werbespot die ersten Kreise zieht, denken die Fantas:»Oh Gott, das hätten wir besser nicht gemacht.« Unmittelbar schlägt ihnen der Gegenwind aus der deutschen Hip-Hop-Szene entgegen. Man wirft ihnen »Sell-out« vor und dass sie den Rap verraten haben.

Auch mit der Machart des Spots können die Vier nicht viel anfangen. Drei Kinder, die »Die da!?!« mit haarsträubenden Zeilen wie »Ist es die da mit dem Calcium?« nachrappen? Autsch. Und dann reimt sich das Ganze noch nicht mal. Noch heute stellen sich den Musikern deutlich hörbar die Nackenhaare auf, sobald man sie auf den Hohes-C-Spot anspricht.

Was den Vorwurf des Ausverkaufs betrifft, halten die Fantas inzwischen dagegen, dass sie wohl schon damals nur bedingt ein Teil der Hip-Hop-Szene gewesen wären und dass die Nutzung für einen Werbespot im Endeffekt nur konsequent gewesen sei. Sonst hätte man den potenziellen Radio-Hit »Die da!?!« gar nicht erst veröffentlichen dürfen, so Michi Beck in einem Interview.

Die schlechte Umsetzung des Hohes-C-Spots hingegen beschäftigt die Band langfristiger und sorgt dafür, dass sie mehr als 20 Jahre lang nichts mehr mit Werbung zu tun haben möchten. Erst im Jahr 2005 setzen sie wieder einen Fuß in die Branche und lassen sich für die Kampagne für den damals neuen Toyota Aygo buchen. Es soll nicht ihr letzter Werbespot bleiben. Aber zu ihrem wohl besten kommen wir erst gegen Ende des Buchs.

SCHWIMMBAD-CLUB HEIDELBERG

Nicht immer können Musiker den genauen Moment ihres großen Durchbruchs benennen. Das geht auch den Fantastischen Vier so, die ab Ende 1992 in einen Strudel des Erfolgs geraten und diese Situation zunächst einmal verarbeiten müssen. Doch an einen Meilenstein erinnern sich die Stuttgarter ganz genau: den Abend, an dem ihnen der Durchbruch zum ersten Mal bewusst wurde. Am 8. Oktober 1992 treten die Fantas vor 500 Leuten im ausverkauften Schwimmbad-Club Heidelberg auf – weitere 1 500 müssen draußen bleiben.

Als Smudo und Co. aus dem Fenster des Schwimmbad-Clubs Heidelberg schauen, können sie kaum glauben, was sie sehen. Gibt es irgendwas gratis? Spielt in der Nähe noch eine andere, deutlich größere Band? Nicht einen Moment lang kommen die jungen Rapper auf die Idee, dass die rund 1 500 Menschen vor der Tür alle zu ihnen möchten. Dann passiert es. »Vier, Vier, Vier!«, skandieren die Menschen. Der Moment gleich einem Traum. Doch es ist keiner.

Unten vor dem Club kommt zeitgleich Manager Bär an, und zwar in dem dauergeliehenen Mercedes, in dem er damals herumfährt. Auch er traut seinen Augen nicht. Ist heute

Fußball? Spielt Boris Becker? Er quatscht einen Kerl aus der letzten Reihe an und fragt, was er hier möchte. Die Antwort: »Na, ich möchte zu den Fantastischen Vier!« Das hat keiner kommen sehen.

Bär weiß genau: In den Schwimmbad-Club passen nur 500 Leute. Viele werden enttäuscht draußen bleiben müssen und an jenem Abend kein Konzert der Fantastischen Vier sehen. Das tut gleich doppelt weh, denn zum einen verpassen die Fans ihre neue Lieblingsband, zum anderen gehen Bär und den Fantas Umsätze durch die Lappen. Um die Menschen vor der Tür wenigstens ein bisschen zu trösten (und natürlich, um ein paar Mark zu verdienen), packt er die Merchandise-Kisten aus und bietet den Anwesenden Pullis und T-Shirts zum Kauf an. Manche Fans versuchen, die Preise runterzu-handeln, als Entschädigung dafür, dass sie vor verschlosse-ner Tür stehen. Doch Bär bleibt im Interesse seiner Schütz-linge hart und bringt mit schwäbischem Geschäftssinn die Waren unters Volk.

Noch am selben Abend ruft der Fanta-4-Manager den Booker Volker May an. Er möge bitte sofort alle kommenden Shows upgraden, damit künftig niemand mehr draußen war-ten muss. Die kleinen Venues reichen nicht mehr, die Fantas sind jetzt Stars. »Klar, größer geht immer«, lässt May seinen Kollegen wissen. Gesagt, getan.

Ab diesem Tag, dem 8. Oktober 1992, wissen die Fantasti-schen Vier: Wir haben es geschafft. Die Mühen der letzten Jahre haben sich gelohnt. Es ist der Abend, an dem sich die Erfolgswelle manifestiert, die sie nun seit Wochen überrollt. »Die da!?!« stürmt indes die Charts und verkauft sich hun-derttausende Male. Schon bald wird Bär den Newcomern er-öffnen, dass sie Platinstatus erreicht haben und Millionäre sind. Überall spricht man von den Fantastischen Vier und überall werden sie angesprochen. Sie sollen in den Jahrzehnten danach noch viele großartige Erfolge feiern – doch es war »später nie wieder wie an diesem Abend in Heidelberg«, schreibt Smudo in einem Online-Artikel.

REGEN IN HOLLYWOOD

Mit »Die da!?!« wird bei den Fantastischen Vier alles ein bisschen größer. Das macht sich schon bei ihrem zweiten Musikvideo bemerkbar, welches die Hip-Hopper zu ihrer Single »Saft« veröffentlichen. Sie drehen den Clip nämlich weder in Stuttgart noch in Leipzig, wo das Video zu »Die da!?!« entstanden war. Nein, diesmal geht es über den großen Teich: nach Los Angeles.

Wie es oft so ist, vor allem in den Neunzigerjahren: Wenn eine Band erstmal richtig durchstartet, spielt Geld kaum noch eine Rolle. Plattenfirmen investieren damals hohe Beträge, um mehr CDs zu verkaufen, zum Beispiel in aufwendige Videoclips. Auch das Label der Fantas nimmt nach dem »Die da!?!«-Durchbruch ordentlich Kohle in die Hand und fliegt die Band für ihr zweites Musikvideo nach Hollywood. Der Grund: Nur dort gibt es jene großen Kamera-Schwenkarme, von denen einer für die Dreharbeiten benötigt wird. Zumindest angeblich. Von Los Angeles als Stadt sieht man im Video später jedenfalls nichts.

Was den Inhalt des Clips betrifft, steuern die Musiker im Vorfeld bloß ein paar Skizzen bei. Darüber hinaus halten sie sich aber zurück, denn es kostet sie zu jener Zeit viel Kraft, ihren neuen Ruhm zu verarbeiten. Außerdem sind sie noch unerfahren und tun erstmal das, was ihnen von ihrem Umfeld gesagt wird.

Die Dreharbeiten in L.A. beginnen an einem Nachmittag um 17 Uhr. Das Setting ist ein leerer Swimmingpool, der mit Farbe gefüllt werden soll. Doch es kommt anders als gedacht. Zum ersten Mal seit 25 Jahren schüttet es in Los Angeles aus Kübeln. Nach und nach geben die technischen Geräte am Set den Geist auf. Und welches muss zuerst dran glauben? Natürlich, der Kamerakran, für den die Rapper extra in die USA geflogen sind.

Der Dreh verzögert sich und auf einen Großteil der eingeplanten Farbe muss verzichtet werden. Als die Fantas endlich fertig sind, ist es bereits früh morgens. Immerhin: Was die Lichtverhältnisse betrifft, ist ein Videodreh in der Nacht gar nicht so schlecht.

Nach ihrem Ausflug in die USA kommen Smudo und Co. reichlich erschöpft in München an. Doch der Terminkalender ist dicht gepackt. Schon am Flughafen der bayerischen Landeshauptstadt werden die Vier von der *Bravo*-Redaktion in Empfang genommen, in einen schicken Lincoln verfrachtet und zum Interview gebeten. Sie erzählen von ihrer Zeit in Los Angeles und davon, dass nicht alles so geklappt hat, wie sie sich das vorgestellt haben.

Am Abend stehen sie wieder im Rampenlicht und treten im Rahmen der *Bravo Super Show* auf. Und was sehen sie da, direkt vor der Bühne? Einen großen Kamerakran – genau wie das Exemplar in Los Angeles. Von wegen, sowas gäbe es nur in Hollywood.

Mit dem fertigen Clip zu »Saft« sind die Fantas später übrigens nicht sonderlich zufrieden, weshalb sie nach dem Dreh beschließen, sich von nun an stärker in ihre Musikvideos einzubringen und sie als Teil ihrer Gesamtkunst zu betrachten.

GOTTSCHALK

Mit dem fertigen »Saft«-Clip im Gepäck besuchen die Fantastischen Vier unter anderem Thomas Gottschalk in seiner Sendung. Der moderiert damals für RTL, und zwar seine eigene Talkshow: *Gottschalk*. Schon zu jener Zeit mangelt es dem blondgelockten Fernsehtitan im Gespräch mit den Fantas an Takt. So erinnert er die Stuttgarter gleich zu Beginn der Sendung daran, dass er es ja gewesen sei, der zum ersten Mal auf Deutsch gerappt habe. Was meint Gottschalk denn damit?

Frank Laufenberg, Manfred Sexauer und Thomas Gottschalk sitzen um einen Tisch herum. Sie tragen Kopfhörer, vor ihnen stehen Mikrofone. Im Off läuft der Instrumental-Track des Chic-Songs »Good Times«. Die drei Männer rappen dazu. Sexauer reimt zum Beispiel mit sonorer Stimme: »Mensch Frank, halt dich fest, jetzt fang ich mal an, das hält'ste im Kopf nicht aus / Wenn ich von den Fünfzigerjahren erzähl', da kommen Geschichten raus / Da gab's 'nen Hu-Hu-Hula Hoop, die Mädchen swingten heiß / Und für 'nen tollen Petticoat, da zahlten sie jeden Preis«.

Was klingt wie ein furchtbarer Alptraum, ereignet sich im Jahr 1980 in einem Fernsehstudio des ZDF. Die Sugarhill Gang hat gerade ihren Song »Rapper's Delight« veröffentlicht, eins der ersten Rap-Stücke überhaupt. Und die drei Fernsehmacher Laufenberg, Sexauer und Gottschalk fühlen sich aus irgendeinem Grund dazu veranlasst, es auch einmal mit diesem Sprechgesang zu probieren. Schön ist das nicht – aber tatsächlich der erste medienwirksame Rap Deutschlands.

Zurück an den Anfang der Neunziger: Etwas mehr als zehn Jahre später sind die Fantastischen Vier wie gesagt bei Gottschalk zu Gast. Sie müssen sich anhören, dass ein rappender Sohn doch bestimmt eine Belastung für eine Mutter sei. Außerdem sollten sie doch bitte so lieb sein und ihre Mülltonnen anzünden, denn das sei im Rap ja ganz wichtig. Fernsehunterhaltung, die zum Glück der Vergangenheit angehört.

Zu einem weiteren denkwürdigen Fanta-Gastspiel bei Gottschalk kommt es im Jahr 2007. Diesmal treten die Stuttgarter mit ihrer Single »Einfach sein« in einer Mallorca-Ausgabe von *Wetten dass ...?* auf und stellen vorab die Behauptung auf, sie könnten mit sechs Musikern in einer Telefonzelle performen. Das klappt zwar nicht so ganz, aber immerhin lobt Gottschalk die Band nachher für ihre Stunt-Einlage mit der explodierenden Telefonkabine – und verzichtet glücklicherweise auf einen Kommentar zu seiner Rolle als Großvater des Hip-Hops.

BOOM CAR

Hip-Hop und Autos, das gehört einfach zusammen. Das denken sich wohl auch die Fantastischen Vier, als sie sich zu Beginn der Neunziger einen knallroten Opel Admiral von 1974 zulegen. Sie taufen den Wagen auf den Namen »Boom Car« und er soll sie jahrzehntelang begleiten. Im Video zu »Die da!?!« taucht das Gefährt allerdings nicht auf, auch wenn das öfter mal behauptet wird.

Boom Cars sind vor allem eins: laut. Die Bezeichnung kommt nämlich nicht von ungefähr: In der US-amerikanischen Hip-Hop-Szene sind Boom Cars die Autos, die nicht nur reichlich PS unter der Motorhaube haben, sondern auch in der Stereoanlage. Je kraftvoller der Verstärker und je dicker die Boxen, desto besser. Erst wenn die Straße bebt, boomt ein Boom Car genug. Im Fall der Fantastischen Vier sogar ein bisschen zu gut: Als die Stuttgarter ihren aufgemotzten Opel dem ersten Hörtest unterziehen, werden sie vom Bassgewummer durchgeschüttelt – bis ihnen übel wird.

Dass die Fantas als Boom Car keinen amerikanischen Wagen nehmen, sondern ein deutsches Fabrikat, passt zu ihrer Herangehensweise. Genau wie bei ihrer Musik übertragen sie den Hip-Hop auch beim Thema Auto auf die deutsche Kultur.

Mit ihrem Gefährt erleben sie allerhand Geschichten, schöne und nicht so schöne. So nehmen sie gelegentlich glückliche Fans mit, die bei den jungen Rap-Stars mitfahren dürfen. Aber der Opel bekommt auch das ein oder andere Ei ab, geworfen von Spätpubertierenden, die der Band offenbar nicht so viel abgewinnen können.

Heute ist das Boom Car ein Stück deutsche Musikgeschichte und steht deshalb im rock'n'popmuseum in Gronau. Auch in der Dokumentation *Wer 4 sind* kann man den Wagen bestaunen. Außerdem bieten die Fantas in ihrem Online-Shop einen USB-Stick in Form des Boom Cars an.

Ein Irrtum ist heute immer noch weit verbreitet. Im Musikvideo zu »Die da!?!« ist zwar ebenfalls ein rotes Auto zu sehen, aber nicht das Boom Car, wie oft fälschlicherweise behauptet wird. Nein, der Wagen im »Die da!?!«-Video ist ein Plymouth Valiant von 1964 – und kommt tatsächlich aus den USA.

FANTAS GEGEN RECHTS

Während den Fantastischen Vier zu Beginn der Neunziger der große Durchbruch gelingt, herrschen in

Deutschland dunkle Zeiten. Nur wenige Wochen vor der Veröffentlichung der Single »Die da!?!« kommt es in Rostock-Lichtenhagen zu den fremdenfeindlich motivierten Angriffen auf Flüchtlings- und Gastarbeiterunterkünfte, die bei der Mehrheit der Deutschen für Entsetzen sorgen. Es ist nur die Spitze eines dunkelbraunen Eisbergs. Die Fantas beziehen damals und heute Stellung gegen die Neonazi-Szene – mit ihren Songs und ihrem Engagement.

»Hör auf, den Kopf zu rasieren, durch die Straßen zu marschieren« – Gerade einmal 15 Sekunden brauchen die Fantastischen Vier in ihrem Song »Hört euch den hier an«, um ein klares Statement gegen Rechts zu setzen, doch es sind 15 Sekunden, die sitzen. Der Track erscheint 1992 auf dem zweiten Fanta-Album *4 gewinnt*, also zu einer Zeit, in der viel zu viele Deutsche nach rechts abbiegen. »Baseballschlägerjahre« nennt man diesen Teil der deutschen Geschichte, denn Baseballschläger sind es, mit denen die glatzköpfigen Neonazis damals auf Eingewanderte, Geflüchtete und vermeintlich »andere« losgehen. Rostock-Lichtenhagen ist nur einer der Schauplätze. Auch an Orten wie Solingen, Mölln und Hoyerswerda kommt es zu schrecklichen Gewaltverbrechen. Kein Wunder, dass sich die Fantas dazu äußern wollen.

Zehn Jahre später möchten die Musiker auch selbst aktiv werden und setzen sich im Rahmen der *Stern*-Aktion »Mut gegen rechte Gewalt« gegen Rechtsextremismus ein. Es soll nur der Anfang eines jahrzehntelangen Engagements gegen Rechts sein. Seit 2004 arbeiten die Fantastischen Vier eng mit »Laut gegen Nazis« zusammen und gehören zu den größten Kooperationspartnern der Organisation. Vor allem Smudo geht dabei nicht immer die gemütlichsten Wege.

Ein Beispiel dafür ist eine Pressekonferenz im Jahr 2016. Um das Projekt »Counter Speech Tour« vorzustellen, lädt

»Laut gegen Nazis« nicht nur Smudo ein, sondern auch Eva-Maria Kirschsieper, die deutsche Chef-Lobbyistin von Facebook. Das US-Unternehmen engagiert sich im Rahmen der Aktion ebenfalls und möchte diesen Umstand bei der gemeinsamen Pressekonferenz gerne in die Welt hinaustragen. Das klappt auch – aber bestimmt nicht so, wie sich Kirschsieper das Ganze vorgestellt hat.

Den Beginn markiert eine eigentlich harmlose Frage eines anwesenden Journalisten. Wie viele Mitarbeitende Facebook denn beschäftige, um den Hasskommentaren in dem sozialen Netzwerk etwas entgegenzusetzen. Sie habe Verständnis dafür, dass das interessant sei, entgegnet Kirschsieper. Doch heute gehe es ja nicht um Facebook. Der Journalist bohrt weiter. Er hätte einfach gerne eine Antwort, das sei ja nicht so schwer. Sie könne bloß kurz eine Zahl nennen. An der Stelle schaltet sich auch Smudo ein: »Ich würde das auch gerne wissen«, richtet er vor versammelter Mannschaft an Kirschsieper, die eigentlich auf der gleichen Seite der Debatte sitzt wie der Rapper. Unter den Journalisten sorgt Smudos Aussage für einige Lacher. Die Lobbyistin bleibt dabei, dass sie darüber heute nicht kommunizieren werde. Doch Smudo lässt nicht locker. Er fände es schon wichtig, zu wissen, welchen Aufwand Facebook betreibe, um dem Thema Hasskommentare zu begegnen, und es mache keinen guten Eindruck, dass Kirschsieper versuche, sich rauszuwinden. Sie »mache rum« wie eine Kakerlake, wenn das Licht angehe. Kirschsieper lässt sich weiter nicht in die Karten gucken und antwortet: »Es ist sehr schwierig, darauf eine Antwort zu geben, die zufriedenstellend ist.« Dann möge sie doch eine Antwort geben, die nicht zufriedenstellend sei, schlägt Smudo vor. So geht es noch einige Minuten weiter, doch der Dialog endet ohne konkrete Zahl. Facebook zeigt sich im Nachgang der Pressekonferenz alles andere als begeistert von Smudos Kreuzverhör, doch zu einem späteren Zeitpunkt kommt es zu einer Aussöhnung.

Auch nach dem Vorfall bleiben die Fantas engagiert. So äußert Smudo im Jahr 2019 ganz klar: »Die AfD und Faschismus, das gehört zusammen.« In sozialen Netzwerken muss er sich für solche Äußerungen unter anderem als »linke Zecke« beleidigen lassen. Solange sich das nicht ändert, werden sich die Fantastischen Vier wohl auch weiter gegen Rechts engagieren – und das ist großartig von ihnen.

DIE 4. DIMENSION

Nach ihrem Mega-Erfolg mit »Die da!?!« ist den Fantas vor allem eins wichtig: Sie möchten nicht zu lange auf der Popstar-Welle surfen, sondern sich neu definieren und ihren Status als ernstzunehmende Band unterstreichen. Das Ergebnis dieses Begehrens ist das vielleicht wichtigste Album ihrer Karriere: *Die 4. Dimension*. Doch beginnen wir vorne …

Ende 1992. Durch »Die da!?!« sind die Fantastischen Vier bekannt wie bunte Hunde und können kaum noch einkaufen gehen, ohne in jedem Gang von Fans angesprochen zu werden. Das freut die Jungs, schließlich haben sie auf ihr Popstar-Dasein hingearbeitet. Doch mit der Zeit schlaucht der Erfolg die Stuttgarter und sie merken: Wir werden für etwas gemocht, das wir nicht unbedingt sind. Sie beschließen, sich eine Auszeit zu nehmen. Smudo und And.Ypsilon verreisen mit ihren Freundinnen; Michi und Thomas entscheiden sich für einen gemeinsamen Urlaub auf einer einsamen Insel. Dieses Reiseziel entpuppt sich als goldrichtig, denn während des Trips sehen Michi und Thomas auf einmal glasklar. Die Hip-Hopper müssen ihren Horizont erweitern, unterschiedliche Einflüsse in ihrer Musik zulassen und ja, ein bisschen psychedelischer werden. Als sie aus dem Urlaub zurückkehren und ein *PopRocky*-Cover mit ihren Gesichtern drauf sehen, wissen sie: Die Leute haben »Die da!?!« noch nicht vergessen. Umso mehr möchten sich die Fantas von diesem »Trauma« lösen, wie Thomas D die damalige Situation in einem Interview beschreibt.

Zur neuen Ausrichtung der Fantastischen Vier trägt damals auch das frisch eröffnete »Wildparkstüble« bei, der neue Hip-Hop-Szenetreff in Stuttgart. Dort tauchen sie in eine experimentelle Musikwelt ein, die sie nicht für ihren Superstar-Status verurteilt, sondern sie inspiriert und beflügelt. Die Rapper hören sich durch die Werke von Can, Kraftwerk, Monster Magnet, Pink Floyd und Metallica, um neue Wege für ihren Hip-Hop zu finden. Metallica schauen sie sich Ende 1992 sogar live an. Außerdem sammeln sie jede Menge Samples und zeigen sich offen für jeden Einfluss, der ihnen über den Weg läuft. Sie sind der Überzeugung: Der Rückzug ins Innere ist der richtige Weg. Auch Fitz Braum von der Plattenfirma findet: Die Fantas jetzt zu einer Hit-Maschine machen zu wollen, wäre Quatsch. Die machen schon ihren Weg. Ein Problem gibt es allerdings.

Zwischen Ende 1992 und Ende 1993 gehören die Fantastischen Vier zu den gefragtesten Popstars der Nation. Der Terminkalender in rappelvoll; zum Musizieren haben die Stuttgarter eigentlich gar keine Zeit. Doch die Plattenfirma drängt und möchte bereits im Herbst 1993 das nächste Album der Hip-Hopper veröffentlichen. Ob auf Tour oder zwischen Promoterminen: Die Fantas nutzen jede freie Minute für die Arbeit an ihrer dritten Platte. Sie stocken technisch auf und verbringen viel Zeit damit, über ihre neuen Pläne zu sprechen. Das wirkt: Ende Mai 1993 beginnen sie mit der Produktion und feuern aus allen Rohren. Sogar Bläser aus England lassen sie für die Aufnahmen einfliegen. Nur wenige Wochen später ist *Die 4. Dimension* im Kasten. Nun stellt sich bloß noch eine Frage: Welcher Song erscheint als erste Single?

Die Antwort ist schnell gefunden: »Zu geil für diese Welt« soll es sein, denn es ist der einzige Track vom neuen Album, der auch diejenigen abholt, die Fanta 4 durch »Die da!?!« kennengelernt haben. Die Musiker möchten sich von ihrer progressiven Seite zeigen, aber sie möchten auch Popstars bleiben und ihre alten Fans nicht vor den Kopf stoßen. Das gelingt ihnen nicht ganz. War ihr Debüt noch satte 750 000 Mal über die Ladentheke gegangen, bleiben es bei *Die 4. Dimension* 250 000 verkaufte Exemplare. Gold kassieren die Fantas allerdings trotzdem, schon bevor die Platte überhaupt rauskommt.

Mit ihrer Single »Zu geil für diese Welt« schreiben die Stuttgarter übrigens deutsche Musikgeschichte – in mindestens einem Fall.

SENDESTART

Ein »Jugend- und Musiksender für Pop und Fun« möchte VIVA sein, als der Musikkanal am 1. Dezember 1993 auf Sendung geht. Wer könnte sich also besser für die Premiere des Projekts eignen als der neueste Stern am deutschen Pop-

Himmel? Eben. Genau deshalb wird den Fantastischen Vier zum Sendestart eine ganz besondere Ehre zuteil: Das erste Musikvideo, das VIVA jemals ausstrahlt, ist der Clip zur damals brandneuen Single der Fantas: »Zu geil für diese Welt«.

»Es ist so weit, VIVA ist da!« – Mit diesen Worten begrüßen die Moderatoren Nilz Bokelberg, Heike Makatsch und Mola Adebisi im Dezember 1993 ihr erstes VIVA-Publikum. »Ab heute bleiben wir für immer zusammen, okay?«, lautet ein Satz in der Moderation von Makatsch – und das soll auch fast gelingen.

VIVA geht damals mit dem Ziel an den Start, nicht nur sämtliche Jugendliche, sondern auch Musik-Fans in ihren Zwanzigern vor die Mattscheibe zu locken. Tagsüber läuft deshalb Teenie-Pop, abends gibt es Genre-Sendungen, zum Beispiel in den Bereichen Indie- und Hip-Hop. Das Rezept geht auf: Jahrzehntelang ist VIVA aus der deutschen Musiklandschaft nicht wegzudenken. Markus Kavka, Charlotte Roche, Stefan Raab: Sie alle gehen bei VIVA ihre ersten Schritte. Wir lehnen uns also nicht zu weit aus dem Fenster, wenn wir den Sender als eine Art Ausbildungsbetrieb des deutschen Fernsehens bezeichnen.

Für die Fantastischen Vier bedeutet der erste VIVA-Slot zunächst einmal landesweite Promo. Die ist im Dezember 1993 zwar kaum noch nötig, kann aber auch nicht schaden. Doch die Verbindung zu dem Musiksender bringt noch mehr mit sich. So freunden sich die Fantas zum Beispiel mit Moderator Bokelberg an, der sie noch Jahrzehnte später als Gäste in seinen Podcast einlädt und zwischenzeitlich sogar mit Thomas D in einer Kommune lebt – mehr dazu später. Außerdem bleiben die Stuttgarter nach ihrem ersten VIVA-Auftritt gern gespielte Gäste auf Deutschlands beliebtem Musiksender – und zwar bis zum Schluss.

2018 ist die Geschichte von VIVA auserzählt und findet ihr Ende. Lukrativ ist der Sender laut Mutterfirma Viacom zwar immer noch, doch die popkulturelle Relevanz der einstigen Musikfernsehpioniere hat nachgelassen, nicht zuletzt durch den Vormarsch von Youtube. Es habe überhaupt keinen Grund mehr gegeben, vor einem linear und analog arbeitenden Gerät zu sitzen und zu warten, bis sie den Lieblingstitel vielleicht mal spielen, erklärt Pop-Professorin Barbara Hornberger. Und als dann das Smartphone gekommen sei, habe man das Medium nicht mehr gebraucht.

Zum Abschluss sendet die VIVA-Redaktion ein Special nach dem anderen, lässt die schönsten Momente aus 25 Jahren Revue passieren und verabschiedet sich mit sehr viel Würde. Am 31. Dezember 2018 um 14 Uhr ist es endgültig vorbei, Comedy Central übernimmt den Sendeplatz nahtlos. Und der letzte Clip, den VIVA ausstrahlt? Klar: »Zu geil für diese Welt« von den Fantastischen Vier. Es endet also, wie es angefangen hat.

TAG AM MEER

Nach »Zu geil für diese Welt« stellen sich auch die »neuen Fantas« im Mainstream vor. Keiner ihrer neuen Songs zeigt deutlicher, welchen Weg die vier Hip-Hopper einschlagen möchten, als »Tag am Meer«. Doch wie kommt es zu der Nummer? Und was zur Hölle trägt Michi Beck im Musikvideo für ein Gewand? Wir reisen noch einmal einige Monate zurück: Er und Thomas D sind gerade im Silvester-Urlaub 1992/1993 auf der philippinischen Insel Mararison Island.

Unter Palmen über die Ausrichtung der eigenen Band sinnieren: Das ist ein Luxus, der nicht jedem gegönnt ist. Doch es ist genau die Situation, die im Text von »Tag am Meer« beschrieben wird. Keinesfalls möchten Michi Beck und Thomas D länger der knallbunte Witz sein, der wild mit den Armen fuchtelt und »Die da!?!« ruft. Nein, die Stuttgarter stehen an der Schwelle zum Erwachsenwerden – und das gelingt ihnen in »Tag am Meer« mit Bravour.

Mit maximaler Entspannung rappt Beck in dem Song davon, wie es sich anfühlt, wenn alles im Einklang ist. Man glaubt ihm jedes Wort, denn er fühlt jedes Wort: Die Fantastischen Vier sind auf einer spirituellen Reise und sie möchten ihre Hörer mitnehmen. Weg vom »Die da!?!«-Schlager, der ihnen sogar einen Auftritt bei Dieter Thomas Heck beschert hatte, hin zu außergewöhnlichen Klangexperimenten und grenzenloser Musik.

Das Musikvideo zu »Tag am Meer« entsteht in Hamburg, doch für den Schnitt und die Nachbearbeitung schicken die Fantas den Clip nach England. Die Begründung: Nur dort gibt es die nötige Technik für die Layer-Darstellungen, die im Video zu sehen sind, und die das Video zu »Tag am Meer« zu etwas ganz Besonderem machen. Michi Becks Kleidung hingegen lässt so manchen Fanta-Fan der ersten Stunde ratlos zurück.

Im »Tag am Meer«-Clip ist Beck in einer Art Kaftan zu sehen, also einem zentralasiatischen Herrengewand. Der Hintergrund: Beck hatte sich das Kleidungsstück während einer Indien-Reise schneidern lassen. Das passt natürlich perfekt zur Selbstfindungsphase der Fantastischen Vier, also beschließt er, das Oberteil im »Tag am Meer«-Video zu tragen.

Als die Single schließlich erscheint, landet der Track weder in den Charts, noch erreicht die Veröffentlichung nen-

nenswerte Verkaufszahlen. Doch das Stück entwickelt sich zu einem Klassiker, den noch heute viele Fanta-Fans lieben.

NUR FÜR ERWACHSENEN

Man gebe den Fantastischen Vier eine Kamera, ein kleines TV-Team sowie etwas Sendezeit und voilà: Der perfekte Wahnsinn ist geboren. Anders lässt sich jedenfalls nicht erklären, was die Jungs in ihrer Pay-TV-Sendung *Die 4. Dimension* veranstalten. Später erscheinen einige Ausschnitte noch einmal als VHS-Kassette beziehungsweise DVD – unter dem Namen *Nur für Erwachsenen!* Genau, mit n! Und zu diesem n kam es so ...

Mehr als 30 Jahre ist 1993 nun her. 30 Jahre, in denen sich viel getan hat, zum Beispiel in der Musikwelt. Doch auch das Sexleben von LKW-Fahrern hat sich seitdem stark verändert. Wo heute an jeder Tankstelle eine mittelgroße Auswahl an Pornoheften und sogar -DVDs zur Verfügung steht, gab es damals bloß Audiokassetten, um Truckern die einsamen Stunden etwas ... äh ... weniger einsam zu gestalten. Aus Spaß legen sich auch die Fantastischen Vier eine solche Kassette zu, und zwar mit niederländisch-deutschem Inhalt. Aber Vorsicht: »Nur für Erwachsenen!«, steht auf dem Tape. Zum Glück sind die Fantas zu jener Zeit bereits volljährig.

Als die Hip-Hopper ihre eigene Fernsehsendung umsetzen, erinnern sie sich an die Schmuddelkassette und wählen den Warnhinweis als Titel aus. Inhaltlich schlagen die Jungs in ihrem Format allerdings einen anderen Weg ein. Oder besser gesagt: viele Wege. Ein richtiges Konzept ist in *Nur für*

Erwachsenen! nämlich nicht zu erkennen. Vielmehr handelt es sich bei der Sendung um eine üppige Ansammlung von Videoschnipseln, die die Fantastischen Vier zu Beginn der Neunziger aufnehmen. Ob sie nun nackt »Eternal Flame« von den Bangles singen, sich gegenseitig mit Kettensägen attackieren, als Musketiere mit Drogen handeln oder zu Werbevideos in Baumärkten schauspielern: Wer die vier Jungs mal abseits des normalen Konzert- und Interviewbetriebs kennenlernen möchte, ist hier genau an der richtigen Adresse. Man braucht allerdings auch starke Nerven, denn die Vier verlangen ihrem Publikum in Sachen Geschwindigkeit und Lautstärke ganz schön was ab.

Heutzutage wäre ein Format wie *Nur für Erwachsenen!* unwahrscheinlich und würde höchstens als Outtake-Sammlung auf DVD 2 landen, sofern denn überhaupt noch eine DVD erscheint. Schade eigentlich.

MEGAVIER

Bevor der Hip-Hop die gesamte Welt infiziert, dominiert ein anderes musikalisches Genre den Planeten: der Rock. Doch schon ab Mitte der Achtziger verschmelzen die beiden Musikrichtungen, zunächst in den USA, dann auch hierzulande. Ganz vorne dabei: die Fantastischen Vier, die 1994 eins der wildesten Jahre ihrer Karriere erleben.

Hessen, Anfang der Neunziger: Jedes Jahr zu Weihnachten verwandelt sich die »Batschkapp« in Frankfurt in einen feiertäglichen Metal-Tempel. Doch 1993 versuchen die Betreiber des Schuppens mal etwas anderes. Die Inspiration dafür kommt wie so oft aus den Vereinigten Staaten. Dort erscheint am 14. September 1993 der Sampler »Judgment Night«, auf dem der Soundtrack zum gleichnamigen Film mit Cuba Gooding Jr. zu hören ist. Die Kompilation ist eine Premiere, von kleineren Slayer-Gastspielen bei den Beastie Boys einmal abgesehen: Zum ersten Mal in der Musikgeschichte finden Hip-Hop und Metal im großen Stil zusammen. Schon die Vorschau auf der CD liest sich wie ein »Who's who« der Rap- und Radaumusik: Helmet & House Of Pain, Sonic Youth & Cypress Hill, Slayer & Ice-T und Biohazard & Onyx sind nur einige der Paarungen, die auf dem Cover beworben werden. Klar, dass so eine hochkarätige Zusammenstellung auch nach Deutschland schwappt und die dortige Szene beeinflusst.

Ende 1993 findet auch in Frankfurt eine *Judgement Nite* statt, angelehnt an das US-Crossover-Projekt. Man setzt in Hessen auf lokale Bands, zu denen zum Beispiel die Megalomaniax gehören. Denen wiederum kommt nur eine Gruppe in den Sinn, wenn es darum geht, Rock/Metal und Hip-Hop miteinander zu verheiraten: Die Fantastischen Vier. Einen Anruf später steht der Deal – und entführt die Fantas in eine Welt, die sie so noch nicht gekannt haben.

Im Metal geht vieles ein bisschen ruppiger zu. Es wird nicht gesungen, sondern geshoutet. Laute E-Gitarren braten über Dezibel-erprobte Verstärker. Und Stagediving gehört zum guten Ton. Das haben Thomas D und Co. alles schonmal gehört und gesehen, klar. Doch als sie nach dem Abend in Frankfurt mit den Megalomaniax durch Deutschland touren und mitbekommen, wie sich die Metal-Maniacs auf der Bühne brav zum Stagedive anstellen, staunen sie nicht schlecht. Dabei hätten sie es wissen können. Schließlich heißt die Tour »Dive, du Sau!«.

Die Megalomaniax gibt es heute nicht mehr, doch mit den Mitgliedern Bert Bera und Andi Wilda sind die Fantas immer noch befreundet. So ist Wilda zum Beispiel auf mehreren Fanta-Alben zu hören, und zwar immer dann, wenn kleine hessische Skits in den Tracks vorkommen, wie zum Beispiel in »Locker bleiben«. So ist in dem Song zu hören, wie Michi Beck einen Kiosk aufsucht, um lange Blättchen und Kartoffelchips zu kaufen. Nach ein wenig Hin und Her bezüglich der Papers meckert Wilda in der Rolle des Verkäufers: »Ja, wurd' auch Zeit. Zwölf fuffzsch, nä, aber für disch 13.« Zugegeben, es ist ein eigenwilliger Humor.

Auch das Album *Megavier* geht 1994 aus der Zusammenarbeit mit den Megalomaniax hervor. Es ist ein Ausflug in fremde Gefilde, den die Fantastischen Vier unternehmen, um einen freien Kopf zu bekommen. Das gelingt ihnen auch und in der Metal-Szene möchte man sie gar nicht mehr gehen lassen. Es hagelt ein Angebot nach dem anderen, sogar große Festivals wie das niederländische Dynamo klopfen bei den Stuttgartern an. Doch Ende 1994 sind Smudo und Co. schon wieder mit ganz anderen Dingen beschäftigt. Sie bereiten sich auf ihr erfolgreichstes Album vor.

LAUSCHGIFT

Mit ihrem dritten Album *Die 4. Dimension* können sich die Fantastischen Vier 1993 freischwimmen und von ihrem Pop-Image lösen. Sogar in der Untergrund-Hip-Hop-Szene genießen sie durch die experimentelle Platte wieder etwas mehr Respekt. Doch das Album ist nur der Anfang: Ihren größten Wurf legen die Fantas zwei Jahre später mit *Lauschgift* nach.

Mit der Veröffentlichung von *Die 4. Dimension* ändert sich einiges: Michi Beck schneidet sich die langen Haare ab, Thomas D ernährt sich fortan vegan und lebt abstinent. In musikalischer Hinsicht wissen die Stuttgarter jetzt: Man kann Hits schreiben und sich trotzdem treu bleiben. Zusätzlich entdecken sie, dass sie drei unterschiedliche MCs (Rapper) mit drei unterschiedlichen Styles sind und lassen auch diese Erkenntnis in ihre neue Platte einfließen. Den wohl markantesten Schritt in dieser Hinsicht geht Thomas D, der im Januar vor der Albumproduktion mit Bandkollege Michi nach Goa in Indien reist und dort etwas ganz Besonderes erlebt. Nach einer durchzechten Nacht beobachtet er seinen Stuttgarter Kumpel Shandi dabei, wie er ein indisches Loblied auf den beginnenden Tag singt – und ist beeindruckt von der Schönheit und der Reinheit des Augenblicks. Der Moment ist die Initialzündung für den ersten großen Alleingang eines Fanta-Vier-Mitglieds: »Krieger«.

Mit »Love Sucks« steuert Thomas D gleich noch einen Song zu *Lauschgift* bei, der davon inspiriert ist, dass der Rapper damals in einer offenen Beziehung lebt. Auch Smudo bringt sich ein, und zwar mit Tracks wie »Locker bleiben« und »Die Geschichte des O«. Der erfolgreichste Solobeitrag von *Lauschgift* stammt allerdings von Michi. Dazu kommen wir gleich noch.

Die Fantastischen Vier machen sich gegenseitig Mut, ihren neuen Individualismus auszuleben und erschaffen dadurch ihre bisher vielseitigste Platte. Intern ist bei den Musikern also alles super und vielleicht aufgeräumter denn je. Extern sieht das ein bisschen anders aus.

Das Label der Fantas ist damals nämlich reichlich unmotiviert, viel Geld in die Rapper zu stecken. *Die 4. Dimension* war weit hinter den kommerziellen Erwartungen zurückgeblieben, dementsprechend wenig Fantasie bringt man bei der Plattenfirma auf, was den Erfolg der nächsten Veröffentlichung betrifft. Doch Manager Bär möchte das so nicht stehenlassen, zeigt vollen Einsatz und handelt einen lukrativen Deal für seine Schützlinge aus. Anschließend schickt er seine Jungs wieder auf große Promotour, um den Erwartungen des Labels gerecht zu werden. Die Fantas sind gestresst, doch Bär verlangt ihren Einsatz. Das zahlt sich aus.

Mit ihrem vierten Album erreichen die Stuttgarter alles, was sie je geplant hatten: Sie landen ihren erfolgreichsten Hit, kassieren in Windeseile Gold, steuern schnell auf Platin zu, werden trotzdem als Künstler ernst genommen und teilen nebenbei auch noch gegen die Konkurrenz aus. So gelten die Rapper vom Rödelheim Hartreim Projekt damals zu Unrecht als Hip-Hop-Pioniere und »dissen« in ihren Tracks unter anderem die Fantastischen Vier. Die wiederum haben das kuschelige Mainstream-Bett ja erst für nachfolgende Hip-Hop-Acts bezogen. »Oh, du hast den Mund zu voll genommen«, rappen die Vier deshalb im Song »Was geht«. »Wir sind die Welle und du bist nur mit uns mitgeschwommen.«

Die *Lauschgift*-Tour entwickelt sich ebenfalls zu einem vollen Erfolg. Zum ersten Mal absolvieren die Fantas eine Konzertreise mit Live-Band und erneut motiviert Manager Bär die Jungs zu Höchstleistungen, verordnet ihnen Liegestütze und Saunagänge, damit sie den Herausforderungen auf Tour gewachsen bleiben.

Die Band ist endgültig auf dem Gipfel des deutschen Hip-Hop-Olymps angekommen. Man muss sich nicht mehr dafür schämen, auch mal einen Hit zu landen. Aber welcher *Lauschgift*-Song ist denn nun derjenige, welcher?

SIE IST WEG

Die besten Songs sind oft die, die direkt aus dem Herzen kommen. Diese Erfahrung machen auch die Fantastischen Vier und vor allem Michi Beck, der Mitte der Neunzigerjahre seinen persönlichen Beitrag zur damaligen Love-Rap-Welle veröffentlicht. Mit »Sie ist weg« landen die Fantas einen der größten Erfolge ihrer Karriere. Doch es geht darin nicht um eine Trennung, wie man zunächst meinen könnte.

Mitte der Neunziger ist Love Rap ein globaler Trend. LL Cool J hat es mit »I Need Love« bereits Ende der Achtziger vorgemacht; viele andere ziehen nach, auch in Deutschland. Michi Becks Love-Rap-Experiment heißt »Sie ist weg« und handelt von seiner damaligen Freundin, die beruflich bedingt viel unterwegs ist. Dieses immer wiederkehrende Gefühl des Alleinseins mischt der Musiker in seinem Text mit dem Schmerz, den er von vergangenen Trennungen kennt, und kombiniert alles zu einem neuen Song.

In der Entstehungsphase durchläuft »Sie ist weg« mehrere Versionen. Manager Bär mag den Track zu Beginn überhaupt nicht und gerät deshalb sogar mit Smudo aneinander. Doch der musikalische Part braucht einfach noch seine Zeit. Das Problem löst sich auf, als Bär auf das Sample aus »Soul Street« von Jolley & Swain kommt, das im Song zu hören ist. Der poppigste Song von *Lauschgift* ist geboren und wird zur ersten Single auserkoren. Weil die Erwartungen an das nächste Fanta-Album alles andere als hoch sind, wettet eine Mitarbeiterin der Plattenfirma eine Kiste Champagner, dass der Song *nicht* die Top Ten erreicht. Warten wir's ab.

Da »Sie ist weg« nun die Vorab-Single werden soll, braucht es natürlich auch ein Musikvideo. Im Gegensatz zu Michi wurde Regisseur Ralf Schmerberg tatsächlich gerade von seiner Frau verlassen, was »Sie ist weg« auch ein bisschen zu seinem Song macht. Entsprechend viel Herzblut lässt er in den Clip einfließen und das Video gerät sehr detailliert und aufwendig. Für den Geschmack von Michis damaliger Freundin ein bisschen zu aufwendig ...

Die weibliche Rolle im Video soll nämlich nicht Michis Freundin übernehmen. Das Berufliche und das Private möchte der Rapper strikt trennen. So ganz gelingt das nicht.

Um im Video glaubhaft rüberzukommen, müssen Michi und seine Co-Darstellerin zur Vorbereitung echte Emotionen üben, ob beim Streiten oder beim Küssen. Für Michis Freundin kommt das Ganze wohl ein wenig *zu* echt rüber, denn sie ist von den Vorbereitungs- und Dreharbeiten ... nun ja ... nicht sonderlich begeistert.

Dennoch: Der ganze Aufwand soll sich lohnen. Das fertige Video zu »Sie ist weg« kommt super an, ebenso wie der Song. Schon in den ersten drei Wochen stürmt der Track die Top 20 und entwickelt sich sogar zum ersten und bisher einzigen Nummer-eins-Hit der Fantas. Die versprochene Kiste Champagner gewinnen die Musiker. All das wäre ein Grund zur Freude. Doch als die Stuttgarter ihre Ziele mit *Lauschgift* und »Sie ist weg« erreicht haben, fallen sie in ein Loch.

FOUR MUSIC

Nach ihrem Opus Magnum *Lauschgift* sind die Fantastischen Vier ausgelaugt. Schon während der anschließenden Tour merken sie: Die Maschine läuft unrund. Es kommen sogar Zweifel daran auf, ob die Band überlebensfähig bleibt. Manager Bär bekommt all das zwar nicht aus nächster Nähe mit, kann die Stimmung seiner Schützlinge aber an Telefonaten mit den Fantas ablesen. Er weiß: Es braucht einen Plan, um die Gruppe zusammenzuhalten. Einen guten Plan. Also überlegt er sich etwas, das die Fantastischen Vier abseits ihrer Musik beschäftigen soll: ein eigenes Label.

Der Zeitpunkt dafür sei ideal, schwört er die Jungs ein. Sie erleben gerade ihren Zenit und Deals besiegelt man am besten mit der Oberhand. Bär möchte *Lauschgift* als Argument nutzen, um die bestmöglichen Verträge für die eigene Plattenfirma auszuhandeln. So weit, so gut.

Auch die Fantastischen Vier sind durchaus angetan von der Idee, allerdings nicht alle gleichermaßen. Smudo signalisiert zum Beispiel augenblicklich, dass er den Plan zwar ganz nett finde, aber keine Zeit dafür aufbringen könne. Thomas räumt ein, dass er sich seinen Alltag nicht unbedingt im Büro vorstelle. »Kein Thema«, lässt Bär die Musiker wissen. Es sei ja ihr Label und sie könnten das Ganze genau so gestalten, wie sie möchten. Sein Tatendrang steckt die Vier an, auch wenn Smudo sich nach wie vor ein bisschen überredet fühlt. Wenig später starten die Fantastischen Vier das Projekt.

Es ist ein geschickter Schachzug: Durch die Arbeit an ihrem Label können die Fantas eine Kunstpause einlegen, sind aber trotzdem beschäftigt. Zu den treibenden Kräften der Plattenfirma entwickeln sich And.Ypsilon sowie Michi, der nun endlich von seiner kaufmännischen Ausbildung profitiert. Außerdem holt Bär noch einen alten Freund der Gruppe an Bord: Fitz Braum.

Was die Infrastruktur betrifft, handelt Bär einen Vertriebsdeal mit Sony aus. Einer der Hauptbestandteile der Geschäftspartnerschaft sind geplante Soloalben von Thomas D und Michi Beck, die der Sony einen kleinen Anreiz geben, den Vertrag zu unterzeichnen.

Nun fehlt nur noch eins: ein geeigneter Name für das Label. Während Michi die Bezeichnung Stuggitown Records gut findet, erscheint Smudo dieser Name zu kindlich. Auf die zündende Idee kommt Richard Wernicke, der damals für das Label Groove Attack arbeitet. Es sei doch ganz einfach, lässt er die Jungs wissen: Four Music. Das wär's.

Als der Plan steht, geht Manager Bär sogar noch weiter und entwickelt auch sofort noch einen Immobilienplan. Statt sich irgendwo einzumieten, möchte er ein komplettes Gebäude erwerben, in dem alles unter einem Dach stattfinden kann, und in dem die Fantas die Vermieter sind. So geschieht es dann auch und er findet ein entsprechendes Objekt in Stuttgart-Heslach. Smudo hingegen übernimmt den Job als Hamburger Außenstelle des Labels, denn er siedelt damals aufgrund seiner Beziehung in die Hansestadt um. 2002 wechselt das Fanta-Label nach Berlin, Michi Beck zieht hinterher.

Die allererste Veröffentlichung auf Four Music ist das Album *Tribulations* von der französischen Hip-Hop-Truppe Sens Unik. Doch dabei bleibt es natürlich nicht. Vor allem ein Fanta-Vier-Mitglied scharrt bereits mit den Hufen und wartet nur darauf, sein erstes Soloalbum an den Start bringen zu können. Es soll sich als wichtiges finanzielles Zugpferd für Four Music entpuppen.

RÜCKENWIND

Für Thomas D bricht während der *Lauschgift*-Tour eine Welt zusammen. Als er mitbekommt, dass seine Kollegen tatsächlich überlegen, ob sie weiterhin Musik machen möchten, versteht er gar nichts mehr. Sofort denkt er: Ich muss mir eine Solokarriere aufbauen. Immerhin: Seine eigene Stimme hat er mit »Krieger« bereits gefunden.

Thomas D ist zweifelsohne der Künstlertyp bei den Fantastischen Vier. Schon früh interessiert er sich für kreative Berufe, zum Beispiel den des Maskenbildners. Um den Weg dorthin zu ebnen, beginnt er eine Lehre als Friseur, wo er unter anderem das fummelige Knüpfen von Perücken erlernt. Als er jedoch erfährt, dass der Job des Maskenbildners zu 80 Prozent aus genau dieser Tätigkeit besteht, erledigt sich sein ursprünglicher Berufswunsch schnell wieder.

Etwa zeitgleich mit seiner Lehre taucht Thomas tief in die Welt des Hip-Hops ein. Seine ersten Raps trägt er daheim mit einem Ghettoblaster vor, doch Mama Dürr versteht das Ganze nicht so recht. Relativ schnell ist Thomas klar: Er will Popstar werden, sonst nichts. Denn, vielleicht noch mehr als die anderen Fantas, möchte Thomas unbedingt seine Message in die Welt hinaustragen.

Genau jene Energie ist es, die Mitte der Neunziger zu seinem ersten Soloalbum führt. Zum ersten Mal kann er Texte schreiben und darin sagen, was immer er will, ohne dabei Rücksicht auf die Meinung der anderen Bandmitglieder nehmen zu müssen. Zwar lassen sich die Fantas auch in der Zusammenarbeit jede Menge Freiraum, doch ein komplettes Soloalbum – das ist nochmal etwas anderes.

Die Musik für sein Debüt schreibt Thomas zu Hause in Stuttgart, in der Böcklerstraße 17. Als er damit fertig ist, setzt er sich in seinen Ford Taunus und fährt durch ganz Deutschland, um befreundete Musiker zu treffen, denn auch in musikalischer Hinsicht kann er sich ausleben und zum ersten Mal mit all den Künstlern kooperieren, mit denen er schon immer mal zusammenarbeiten wollte. Unter anderem sind Nina Hagen und Die Ärzte auf *Solo* zu hören, wie Thomas seinen Alleingang schließlich nennt.

Ende September 1997 ist das Album im Kasten. Mit dem Ford Taunus hat der Rapper so viele Kilometer zurückgelegt, dass der Wagen nur noch ein Haufen Schrott ist. Doch Thomas ist noch nicht am Ende seines Trips angekommen. Er möchte weiter durch Deutschland reisen und löst seine Wohnung auf. Etwa 300 Leute erscheinen, als der Musiker bekanntgibt, dass er sein Hab und Gut versteigert. Handgeschriebene Texte, Echo-Trophäen: Alles, was Thomas nicht unbedingt braucht, kommt unter den Hammer. Als die Versteigerung vorbei ist, steckt er einen guten Teil der Einnahmen in eine spontane Party mit Bier und Sekt von der Tankstelle. Der Weg ist das Ziel.

Für seine Reise kauft Thomas ein gebrauchtes Wohnmobil. Es handelt sich dabei um einen neun Meter langen Hymer 900, Baujahr 1981. Sein Gedanke: Man braucht nur ein Klo, ein Bad, eine kleine Küche, ein Bett und ein Auto. Warum also nicht einfach alles in einem anschaffen? Bloß eine Sache fehlt ihm dann doch, wie er kurz nach seiner Abreise bemerkt: eine zweite Standheizung.

Ein Neun-Meter-Schlachtschiff zu steuern, das ist schon eine Herausforderung für sich. Das merkt auch Thomas, der mit seinem Gefährt gleich mehrere Unfälle verursacht, zum Glück keinen richtig schlimmen. Dennoch genießt er seine

Entschlackungskur auf Rädern, weniger in einer spirituellen Hinsicht, sondern vor allem aus der Perspektive eines Abenteurers.

Zum Soundtrack der Reise und zu einer Hymne für Ausbrecher entwickelt sich die Single »Rückenwind«, die im November 1997 erscheint. »Ich packe meine Sachen und bin raus, mein Kind / Thomas D ist auf der Reise und hat Rückenwind«, rappt er darin. Man kann die Freiheit förmlich spüren und der Song wird ein Hit.

Auch sein Album verkauft sich prächtig und geht rund 200 000 Mal über die Ladentheke. Für Four Music bedeutet das eine wichtige Finanzspritze und Thomas kann seinen Trip noch mehr genießen. Er weiß aber auch: Wenn ich wieder da bin, möchte ich sesshaft werden.

M.A.R.S.

Schon während er noch mit dem Wohnmobil durch Deutschland cruist, liebäugelt Thomas D mit dem Gedanken, eine Art Kommune zu gründen. Sein Wunsch: ein Grundstück in der Nähe von Köln, denn er hat Freunde in der Domstadt und die Mentalität der Rheinländer gefällt ihm. Fündig wird er schließlich in der Eifel – oder auch in der »Super-Pampa«, wie er selbst seinen Wohnort bezeichnet.

Ein Leben auf dem rauen Land, das muss man wollen. Also fragt sich Thomas, als er den ehemaligen Pferdehof in der Eifel sieht: Möchte ich das wirklich für immer? Kann ich mir vorstellen, später mit dem Rollator hier herumzulaufen?

Die Antwort in seinem Kopf ist ein klares Ja. Er unterzeichnet alle nötigen Verträge, erwirbt damit das Land und ruft Ende der Neunziger den »M.A.R.S.« ins Leben: die »Moderne Anstalt Rigoroser Spakker«. Die Abkürzung war wohl zuerst da.

Musiker, Künstler, Skater, BMXer: 15 Leute wohnen zu Beginn auf dem M.A.R.S. und führen gemeinsam ein alternatives Leben. Dazu zählt auch der frühe VIVA-Moderator Nilz Bokelberg, dem gleich zu Beginn ein dicker Fauxpas unterläuft. So lässt er die Redaktion der Jugendzeitschrift *Bravo* auf das Gelände, obwohl sich die Bewohner der Kommune darauf geeinigt hatten, dass genau das zunächst nicht passieren soll. »Keine Fotos«, trichtert Bokelberg den Schreiberlingen extra noch ein. Doch die Folge des Besuchs ist eine große »So lebt Thomas D«-Story – mit heimlich geschossenen Bildern. Autsch.

Die Erkenntnis, dass man zum Leben eigentlich nur ein paar Dinge braucht, wirft Thomas D auf dem M.A.R.S. schnell wieder über den Haufen. Für die Skater und BMXer entsteht ein Multicourt mit Quarterpipe, wofür die Bewohner der Kommune tonnenweise Beton aufschütten. Außerdem heben sie mithilfe eines kleinen Baggers einen Swimmingpool aus, und zwar so tief, dass sie mit dem Fahrzeug in dem selbstgeschaufelten Erdloch stecken bleiben und wiederum einen größeren Bagger organisieren müssen, um den kleinen Bagger zu bergen. Die Sauna auf dem Grundstück bekommt Thomas von seinen Fanta-Kollegen zum Geburtstag. Ein vollwertiges Aufnahmestudio richtet er sich ebenfalls ein. Anders gesagt: Der M.A.R.S. ist Thomas' großer Spielplatz. Hier findet er Ruhe und kommt auf neue Ideen, wenn er durch die Felder spaziert. Und wenn ihm mal nach Action ist, brettert er mit einem Quad über die verschneiten

Felder. »Ich bin ein Landei«, erzählt Thomas in einem Interview. »Das ist für mich echte Lebensqualität.« Das Wohnmobil gibt es auch noch, nun allerdings als Übernachtungsgelegenheit für Gäste.

Übrigens hat auch Michi Beck eine besondere Bindung zum M.A.R.S.: Bei der dortigen Silvesterfeier 1999/2000 lernt er seine heutige Frau Uli kennen.

SMUDO GIBT GAS

Schon als Jugendlicher begeistert sich Smudo für die unterschiedlichsten Sportarten. Er spielt Tischtennis, Handball und ist sogar Teil eines Kreisliga-Basketball-Teams. Ein etwas extravaganteres Hobby entdeckt er zu Beginn der 2000er-Jahre für sich: Autorennen. Dafür gibt es gleich mehrere Gründe.

Wenn man ein Mitglied der größten Hip-Hop-Band Deutschlands ist, lebt man ein kreatives, offenes Leben. Viele Entscheidungen müssen getroffen werden. Die Folgen offenbaren sich häufig erst langfristig. Anfänge und Enden gehen nahtlos ineinander über, sodass ein unendlicher Fluss entsteht. Ständig ist man von Menschen umgeben, die etwas von einem wollen, egal, in welche Richtung. Im semiprofessionellen Motorsport ist das anders.

Zwar gibt Smudo auch auf der Rennstrecke Autogramme und macht Fotos mit Fans, aber sobald er in den Rennwagen steigt, ist er allein. Jede seiner Entscheidungen hat unmittelbare Folgen, die, pathetisch ausgedrückt, über Leben und Tod entscheiden. Es sind die wenigen Momente in Smudos

Leben, in denen er sich »voll haftbar« fühlt, wie er in einem Interview verrät – auch und vor allem dann, wenn er mit 230 Kilometern pro Stunde in eine Kurve geht.

Besonderen Augenmerk legt Rennfahrer Smudo auf das Thema Nachhaltigkeit. »Wenn Rudolf Diesel und August Otto wüssten, dass wir heute im Prinzip noch mit den von ihnen erfunden Motoren rumfahren, würden sie sich im Grab umdrehen«, ist sich der Rapper sicher. Deshalb arbeitet er mit Four Motors daran, den Rennsport ein wenig grüner zu gestalten, zum Beispiel mit Biodiesel-Antrieben und Bauteilen aus nachwachsenden Rohstoffen. Es handele sich bei dem Rennteam um das erste in Deutschland, das sich auf Nachhaltigkeit im Motorsport spezialisiert habe, heißt es auf der Website von Four Motors.

Auch darüber hinaus darf Smudo im Rahmen seines Hobbys viele tolle Sachen erleben. Für die Fernsehsendung *The Voice of Germany* nimmt er zum Beispiel seinen Bandkollegen Michi Beck mit auf die Piste, der später in einem Interview zwar ganz cool tut und seine Aufregung herunterspielt. Er wisse ja, dass Smudo ein erfahrener Motorsportler sei, deshalb sei er nicht allzu nervös gewesen. Doch Smudo erinnert sich noch genau an Michis »Woooohooo«-Schreie während der rasanten Fahrt.

Auch einen anderen Michael trifft Smudo im Rahmen seiner Rennfahrerei, und zwar den, der zu den größten des Motorsports gehört: Michael Schumacher. Sie drehen damals sogar gemeinsam ein paar Runden im Wagen von Jean Todt, dem damaligen Teamchef der Scuderia Ferrari. Ein Erlebnis für die Ewigkeit.

Zu den weiteren Highlights in Smudos Karriere als Rennfahrer zählen zum Beispiel die 24-Stunden-Rennen auf dem Nürburgring, die er als echten Grenzgang beschreibt.

Außerdem touchiert der Motorsport immer wieder Smudos Begeisterung für Digitales, zum Beispiel, wenn er mithilfe von Simulationen für die echte Rennstrecke übt.

Die Rennsimulation *Grand Prix Legends* ist es auch, die Smudo überhaupt erst zum Rennsport inspiriert – ebenso wie eine andere Simulation zu einem weiteren Hobby.

SMUDO HEBT AB

Als Smudo selbst fliegt, kann er es kaum glauben. Schon in der allerersten Flugstunde am Haseldorfer Marsch in Uetersen drückt sein Fluglehrer ihm den Steuerknüppel in die Hand und lässt den Rapper die Maschine lenken. Smudo weiß: Hier oben ist er richtig. Doch wie ist er eigentlich zum Fliegen gekommen?

Als die Fantastischen Vier zu Beginn der Neunziger ihren großen Durchbruch erleben, platzt der Terminkalender der Stuttgarter aus allen Nähten. Heute hier, morgen dort: Ohne Privatflüge, auch im eigenen Land, ist das Pensum der Fantas schlicht nicht mehr zu schaffen, zum Beispiel wenn sie nach einem MTV-Termin in London schnell nach Hof müssen, um in der Fernsehsendung von Dieter Thomas Heck aufzutreten. Das sorgt für eine Menge Stress, bei Smudo aber auch für eine Menge Begeisterung. Vor allem die Piloten mit ihren coolen Anzügen und den lässigen Funksprüchen überzeugen ihn. Auch er möchte in der Lage sein, das Puzzle namens Cockpit lösen zu können. Doch bis er selbst zu fliegen beginnt, dauert es noch eine ganze Weile.

Für einen weiteren entscheidenden Anstoß sorgt, wie soll es bei Smudo auch anders sein, ein Videospiel. *Flight Unlimited* heißt die Software, die den Rapper Ende der Neunziger stundenlang an den Computer fesselt. Und nicht nur das: Die Flugsimulation reißt Smudo derart mit, dass in ihm endgültig der Gedanke reift, auch selbst fliegen zu wollen, so ganz in echt. Zurückführen lässt sich seine Begeisterung für *Flight Unlimited* unter anderem darauf, dass ein Flugzeug in dem Spiel zum ersten Mal kein Vektor in der Luft gewesen sei; auch Thermik, Windbewegung und Aerodynamik hätten in dem Game eine Rolle gespielt. Außerdem sei es nicht bloß darum gegangen, von A nach B zu kommen, wie zum Beispiel beim Flugsimulator von Microsoft, sondern es sei auch Kunstflug möglich gewesen. Man habe das Gefühl gehabt, in einem Gerät zu sitzen, das sich um alle drei Achsen frei bewegt.

Die ersten Flugstunden in einem echten Flugzeug nimmt Smudo Ende 2003 beziehungsweise Anfang 2004 – das weiß er selbst nicht mehr so genau. Was sich allerdings in sein Hirn brennt, ist das Erlebnis beim Fliegen: wenn die Maschine über die Wolken steigt und man als Pilot die ganze Welt unter sich hat. Die Ehrfurcht vor dem Wetter und den Naturgewalten. Es ist ein archaisches Naturerlebnis, das ihn zurecht überwältigt.

Auch das Luftrecht habe Smudo fasziniert, wie er in einem Podcast berichtet, weil man es in manchen Punkten so global denken müsse. Man solle sich einmal vorstellen, dass alle Länder, die Luftfahrt betreiben, bilaterale Abkommen treffen müssten. Das sei ein Haufen Papierkram.

Seine Flugprüfung für den Privatpilotenschein besteht Smudo im Jahr 2005. 2012 erwirbt er mit etwas Glück ein zweimotoriges Flugzeug aus der Konkursmasse eines schweizerischen Flugunternehmens. Schlappe 170 000 Euro zahlt er dafür. Das ist natürlich reichlich Kohle, doch bedenkt man, dass für einen Flieger dieser Art normalerweise eher eine Million anfällt, handelt es sich schon beinahe um ein Schnäppchen.

Was Smudo am Fliegen fasziniert, sind ähnliche Dinge wie beim Autorennen. Genau wie im Motorsport haben die Entscheidungen eines Piloten unmittelbare Folgen. Falls etwas schiefgeht, sollte man einen Plan B, C und D im Hinterkopf haben. Außerdem ist beim Fliegen alles sehr durchgetaktet. Es gibt einen klaren Anfang und ein klares Ende – Dinge, die einen Popstar durchaus entspannen können.

Es bestehen allerdings auch Unterschiede. Einer davon: Während man ein Flugzeug laut Smudo eher behandelt wie eine »alte Dame«, der man nicht zu viel abverlangen darf, ist beim Motorsport genau das Gegenteil der Fall. Rennautos werden getreten, und zwar bis zum Maximum. Erst wenn die letzte Schraube ächzt, ist die Belastung gerade groß genug.

Ein besonderes Ereignis erlebt Pilot Smudo bei einem Flug mit Bandkollege Thomas D, als ein Eurofighter den Weg der beiden Rapper kreuzt. Die Begegnung sei zwar nicht ganz so spektakulär und gefährlich gewesen, wie Thomas D es in einem Interview einmal beschrieben habe, aber dennoch sehr faszinierend. Man kann es sich vorstellen.

Inzwischen hat Smudo sogar schon alle Fantas an Bord gehabt. Warum auch nicht: Hoch hinaus zu kommen, war ja noch nie eine Schwierigkeit dieser Band.

TURNTABLEROCKER

Während Thomas D das Leben im Wohnmobil entdeckt und Smudo deutsche Rennstrecken sowie Lufträume unsicher macht, taucht Michi Beck in eine alte Leidenschaft ein: das DJing. Schon nach der *Lauschgift*-Tour nimmt er sein früheres Hobby wieder auf, inspiriert durch die Arbeit an seinem Soloalbum *Weltweit*. Doch beginnen wir vorne.

Noch vor der Geburt der Fantastischen Vier ist Michi ein gern gesehener DJ in der Stuttgarter Hip-Hop-Szene. Er legt Funk- und Soul-LPs auf, später auch Hip-Hop- und House-Platten. Wo immer er auftaucht, kocht der Saal und der junge Musiker entwickelt ein feines Gespür dafür, wie man eine Party »liest«. Sprich: Er weiß, wann welcher Song laufen muss, wann er sich an den Turntables ein bisschen stärker austoben kann und wann auch mal Pausen angesagt sind. Was er noch nicht weiß, ist, dass einer seiner DJ-Gigs sein Leben verändern soll: die *Hip-Hop-Party II* im Jugendhaus in Degerloch.

Smudo und Thomas haben damals gerade erst davon gehört, dass es in und um Stuttgart noch weitere Hip-Hop-Begeisterte gibt. Das möchten sie natürlich mit eigenen Augen sehen. Bei der *Hip-Hop-Party II* staunen sie nicht schlecht, als der DJ auf der Bühne coole Raps abliefert, während ihm seine Freunde zeitgleich literweise Bier in den Mund schütten. »Der kann nicht nur was, sondern der hat auch noch artistische Einlagen zu bieten«, denkt Thomas – und drückt Michi die legendäre Visitenkarte in die Hand, über die wir zuvor bereits gesprochen haben.

Einen Tag später grübelt Michi. Klar, mit seiner Tätigkeit als DJ verdient er ein paar Mark, aber reich wird er damit sicher nicht. Es interessiert ihn, was Thomas und Co. so treiben, also ruft er die Nummer auf der Karte an – und eins kommt zum anderen.

Auch bei den Fantas übernimmt Beck zunächst die Turntables und hilft And.Ypsilon beim Produzieren, wobei unter anderem Hörspielplatten aus Michis Kindheit zum Einsatz kommen, wie zum Beispiel *Kli-Kla-Klawitter*, *Sesamstraße* und *Star Wars*. Es habe damals schlicht noch keine Deutschrap-Alben gegeben, auf die man hätte zurückgreifen können, erklärt Beck in einem Interview. Später schlüpft er immer mehr in die Rolle eines MCs – und das ausgerechnet zu einer Zeit, in der DJs in der Musikwelt erfolgreicher und erfolgreicher werden.

1994 kommt es in Becks Leben zu einer wichtigen Begegnung: In einem Plattenladen lernt er den lokalen Turntable-Meister DJ Thomilla kennen und die zwei kommen über ihr gemeinsames Interesse ins Gespräch. Drei Jahre später sind sie gute Freunde und arbeiten gemeinsam an Michi Becks Soloalbum *Weltweit*. Einer der Songs darauf heißt »Turntablerocker« – und unter genau diesem Namen wagen sich Thomilla und Beck wieder in die Stuttgarter Clubszene. Sie legen auf zahlreichen Partys auf und genießen damit großen Erfolg, der jahrelang anhält. Fast jedes Wochenende stehen sie an den Plattenspielern und sorgen für 100 Meter lange Schlangen vor den Clubs. Becks Soloalbum rückt dadurch rasch in den Hintergrund, denn eigentlich hat der Rapper genug vom Texten und seiner Rolle als Solo-MC. Ohne seine Fanta-Kollegen möchte er sich nur noch auf die Musik konzentrieren statt aufs Reimen – und so kommt es dann auch.

Im Jahr 1999 bringen die Fantastischen Vier ihr fünftes Album 4:99 raus, doch Becks DJ-Karriere läuft parallel weiter. 2001 und 2002 veröffentlicht er sogar zwei Platten mit Turntablerocker, eine weitere folgt 2012. Erst als Becks zweite

Tochter zur Welt kommt, tritt der Vinylvirtuose etwas kürzer und möchte sich fortan um seine beiden Familien kümmern: um die zu Hause und um die Fantas.

4:99

Wir schreiben das Jahr 1999. Das Millennium steht kurz bevor; die allgemeine Aufregung ist auch in Deutschland deutlich spürbar. Was wird das neue Jahrtausend bringen? Wird man die Sonnenfinsternis von hier aus sehen können? Und überstehen die Computer den sogenannten »Millennium-Bug«, wenn aus 99 plötzlich zwei Nullen werden? Fragen über Fragen. Ein wenig Orientierung geben die Fantastischen Vier – mit ihrem fünften Album 4:99 sowie mit einem ihrer größten Hits.

Was ihre individuelle Entfaltung betrifft, sind die Fantas inzwischen geübt. So hatten die Musiker schon auf *Lauschgift* zugelassen, dass der Fokus stärker auf einzelnen Bandmitgliedern ruht. Mit ihren anschließenden Soloprojekten haben sie sich auch offiziell voneinander emanzipiert. Fertig sind sie mit ihren Alleingängen allerdings noch nicht. Im Gegenteil: Kurz vor der Jahrtausendwende treiben sie ihren Individualismus noch einmal auf die Spitze.

Für das Songwriting zu ihrer fünften Platte finden sich die Stuttgarter in der Künstlerwohnung ihres Four-Music-Hauptquartiers ein. Sie bringen bereits ein paar Ideen mit, zum Beispiel das Grundgerüst für den Song »Hammer«. Ein großer Vorteil: Zum ersten Mal steht ihnen ihr eigenes Aufnahmestudio zur Verfügung, das sie nutzen können, wann und wie sie möchten. Von der zeitlichen Flexibilität müssen sie reichlich Gebrauch machen, denn immer wieder kommt es während der Arbeit an *4:99* zu Unterbrechungen, zum Beispiel durch die Videodrehs für Michi Becks Soloalbum sowie die medienwirksame Beziehung zwischen Thomas D und Jenny Elvers. Dennoch gelingt es der Band, zahlreiche Ideen festzuhalten – sogar gemeinsam. Erst gegen Ende eines jeden Songs entsteht das immer gleiche Problem: Keiner fühlt sich für die Fertigstellung der Stücke verantwortlich.

Durch die damit einhergehenden Missverständnisse entstehen Reibereien und die wiederum sorgen dafür, dass die letzten Schliffe doch wieder in Soloarbeit entstehen. Thomas D setzt mit »Millionen Legionen« seinen *Lauschgift*-Song »Krieger« fort und spricht damit »Freaks und Freidenker« an, mit denen er in ein neues Zeitalter aufbrechen möchte. Generell ist er am ehesten für den philosophischen, poetischen Part bei den Fantas zuständig, während Michi eher auf Styles setzt und Smudo das »Erklärende« mag, wie Michi in einem Interview feststellt. Diese drei Eigenheiten werden schon bald stärker zur Geltung kommen, und zwar im Rahmen einer Single-Trilogie, aber dazu gleich mehr.

Die schließlich doch sehr individuelle Herangehensweise auf *4:99* sorgt mehr denn je dafür, dass die Platte wirkt wie drei Soloalben in einem. Das äußert später auch der Manager der deutschen Hip-Hopper Fettes Brot, was den Fantastischen Vier als gute Kritik auffällt. Sie behalten die Anmerkung im Hinterkopf.

Für die Aufnahmen bleiben die Fantastischen Vier übrigens nicht in ihrer Four-Music-Heimat, sondern wechseln in das Studio von Conny Plank in Wolperath. Dort genießen sie mehr Ruhe als zu Hause und können sich voll auf die Sessions konzentrieren.

Als erste Single-Auskopplung planen sie »Die Stadt die es nicht gibt«, in dem unter anderem ein Hildegard-Knef-Sample vorkommt. Doch eine andere Nummer eignet sich noch wesentlich besser.

MFG – MIT FREUNDLICHEN GRÜSSEN

Ein ganz normaler Reisetag bei den Fantastischen Vier. Es geht von Berlin nach Köln. Mineralwasser und das Album *The Love Movement* von A Tribe Called Quest liegen bereit. Die Mitreisenden: Smudo, Thomas D, Michi Beck und VIVA-Moderator Nilz Bokelberg. Klingt soweit friedlich. Doch als die vier Herren in Köln ankommen, sind sie voller Bier, Kaffee, Hasch und Amphetamine. Außerdem haben sie die Idee für den Song »MfG« im Gepäck. Was ist in der Zwischenzeit passiert? Und wie entwickelt sich der Track danach weiter?

Der entscheidende Geistesblitz kommt von Smudo. Abkürzungen können sich reimen, stellt der Rapper fest. Sofort steckt er die anderen mit seiner Idee an und noch während der Fahrt verfolgen sie im Team verschiedene Assoziationsketten. Mehr als einen lustigen Kurz-Track haben sie dabei zunächst nicht im Sinn, doch das Konzept begeistert die Reisenden so sehr, dass auch eine zweite Strophe her muss und dann noch eine dritte.

Quasi unbemerkt entwickelt sich »MfG« zu einer Zusammenfassung des 20. Jahrhunderts. So sei RAF nicht nur eine Abkürzung, sondern Ausdruck einer ganzen politischen Kultur, erklärt Smudo in einem Interview. Die drei Buchstaben stünden für das kalte politische Klima der Siebzigerjahre, für Hanns Martin Schleyer, Willy Brandt und Helmut Schmidt. Bei anderer Gelegenheit berichtet er, dass die Bedeutungsebenen sogar noch weiter reichen. So beschreibe die Zeile »RAF, LSD und FKK« die Klischeewahrnehmung der Linken durch die Rechten. Bei den nächsten drei Abkürzungen »DVU, AKW und KKK« gehe es genau um das Gegenteil: die Klischeewahrnehmung der Rechten durch die Linken. Bewusst hätten die Vier den Song niemals so schreiben können, wie man ihn nachher auseinandernehmen könne, erläutert Smudo. Der Spruch am Anfang des Songs, wo vom »Vorhang der Nacht« und vom »Drama einer Kultur« die Rede sei, der träfe es. (Das Sample dazu stammt übrigens aus der deutschsprachigen Audiobegleitung zur Lichtshow bei den Pyramiden von Gizeh, aber das nur am Rande.)

Auf ein Hindernis stoßen die Fantastischen Vier später beim Refrain, denn dort möchten sie das Schema mit den Abkürzungen unterbrechen. Jede Überblendung in einen anderen Sprachstil erscheint zu hart. Auch ein Refrain, mit dem die Musiker zwischenzeitlich herumspielen, ist nicht die Lösung: »Es gibt keine Abkürzung zu deinem Herzen / Du musst den langen Weg der Liebe gehen«. Oh je.

Dafür, dass Wochen später der Knoten platzt, sorgt Freundeskreis-Sänger Max Herre. »Ach, Worte sind doch eh Schall und Rauch«, wirft er bei einer Session in die Runde. Auch die Zeile »Bevor wir fallen, fallen wir lieber auf« entspringt seiner kreativen Ader. Nun haben die Fantas ihren Refrain – und einen ihrer größten Hits.

Dass der Song erfolgreich wird, verwundert nicht: Besonders in Deutschland spielen Abkürzungen eine wichtige Rolle und die Stuttgarter treffen mit ihrer gebündelten Beschauung der letzten Jahrzehnte einen Nerv. Die *Frankfurter Allgemei-*

ne Zeitung bezeichnet »MfG« sogar als möglicherweise »hellsichtigsten Popsong zur bevorstehenden Jahrtausendwende«. Ein starkes Lob. Doch die Nummer ist nur die erste von insgesamt vier *4:99*-Singles. Drei weitere veröffentlichen die Fantastischen Vier nur wenige Wochen später – auf einmal.

DREIERPACK

Im Fußball nennt man es Hattrick, zumindest quasi: Am 9. Juli 1999 veröffentlichen die Fantastischen Vier gleich drei Singles an einem Tag: »Le Smou«, »Buenos Dias Messias« und »Michi Beck In Hell«. Die dazugehörigen Musikvideos von Regisseur Ralf Schmerberg geraten zu einem Gesamtkunstwerk der besonderen Art.

Der unspektakulärste Clip der Trilogie ist das Video zu »Le Smou«, das dem eigentlich fröhlichen Stück durch die Zwangsjackenthematik im Clip zwar eine zusätzliche Ebene verschafft, darüber hinaus aber nichts weiter Besonderes bietet.

Größeren Aufwand betreiben die Stuttgarter für die anderen beiden Clips, angefangen mit »Buenos Dias Messias«. So üben sich die Fantas damals in Medienkritik und möchten mit ihrer Aktion »Kein Applaus für Scheiße« auf den inflationären Umgang mit Schrott-Infos in den Massenmedien aufmerksam machen. Man solle sowohl als Informationshersteller wie auch als Informationskonsument darauf achten, verantwortungsbewusst zu bleiben und sich seine eigene Meinung zu bilden, erklärt Smudo in einem Interview. Und man solle sich nicht genieren, auch mal zu sagen: »Davon habe ich keine Ahnung«.

Um auf die medialen Missstände aufmerksam zu machen, stürmen die Fantastischen Vier die unterschiedlichsten TV-Formate und Veranstaltungen. Sie dringen zum Beispiel maskiert ins Studio des *Sat.1-Frühstücksfernsehens* ein, überraschen Moderatorin Vera Int-Veen in ihrer Nachmittags-Talkshow und kapern Sendungen wie *MTV Select* und *Peep*. Dabei filmen sie die Opfer ihrer Guerilla-Aktionen mit Camcordern und verlesen ihr »Manifest für den verantwortungsvollen Umgang mit Informationen durch die Medien«. Manche Moderatoren gehen elegant mit der Situation um. Andere reagieren sehr ungehalten, wie zum Beispiel Kurt Lotz vom *Frühstücksfernsehen*. Bei wieder anderen Gelegenheiten werden die Fantas bereits erwischt, bevor sie überhaupt dazu kommen, den Camcorder auszupacken, wie zum Beispiel am Set von *Otto – Der Katastrofenfilm* (2000) in Babelsberg.

Für ihre Aktionen bekommen die Stuttgarter eine Menge Aufmerksamkeit, und zwar genau dort, wo sie ihre Diskussion um Medienverantwortung führen möchten: in der *Bild*, in der *Bunten* und in vergleichbaren Blättern. Es sei zu einfach, diesen Diskurs an der Universität anzustoßen und sich dort Applaus abzuholen, erläutert Smudo.

Zu sehen sind die Camcorder-Aufnahmen, die Protestaktionen und zahlreiche Fernsehausschnitte im Musikvideo zu »Buenos Dias Messias«. Um einen Wohlfühl-Clip handelt es sich also nicht. Und das gilt für »Michi Beck In Hell« sogar noch viel mehr ...

Michi Beck liegt in einem gläsernen Sarg. Um ihn herum wischen sich die Besucher seiner Beerdigung die Tränen aus dem Gesicht. Keine Regung gibt der Rapper von sich. Was ist denn da los? Ganz einfach: der Videodreh zu »Michi Beck In Hell«. Und so viel steht fest: Für Michi ist der Tag wirklich die Hölle.

Den Anfang der Dreharbeiten markiert ein Trauergottesdienst in der Kirche. »Zeremonienmeister sein, das kann er gut«, sagt Michi Beck in einem Interview über Regisseur Ralf Schmerberg, der den eigenwilligen Videodreh organisiert. So handelt es sich bei den Statisten nicht etwa um angeheuerte Schauspieler, sondern um Becks echte Freunde, die Schmerberg so gekonnt auf Becks nachgestellten Tod einstimmt, dass einige von ihnen weinen müssen. Wie auf einer normalen Beerdigung, eben – nur dass Michi Beck noch lebt.

Das bedeutet auch, das der Rapper seine eigene Beerdigung live mitbekommt. Durch die gläsernen Sargwände sieht er seine Freunde, die in Tränen aufgelöst um ihn trauern. Das ist ganz schön viel für den jungen Musiker, aber noch bei Weitem nicht alles. Ihren Höhepunkt erreichen die Dreharbeiten erst, als Michi tatsächlich in die Erde gelassen wird. Seine Freunde werfen ihm Blumen und Erde hinterher, einige von ihnen weinen dabei noch stärker. Hier ist für Beck eine Grenze erreicht. »Das war fast ein bisschen viel«, erzählt er in einem Podcast.

Als der Videodreh abgeschlossen ist, gehen einige Statisten und die Crew gemeinsam feiern und stoßen auf das gelungene Projekt an. Doch Michi ist überhaupt nicht in Feierlaune. Komplett allein schließt er sich in sein Hotelzimmer ein und leert eine Flasche Wein. Diesen Tag muss er erstmal verdauen.

Das gilt für das gesamte Album: Die Fantastischen Vier verausgaben sich für *4:99* so sehr, dass sie erneut eine Pause einlegen müssen, genau wie nach *Lauschgift*. Zunächst planen sie aber noch ein kreatives Projekt der vollkommen anderen Sorte: einen Auftritt im Rahmen der MTV-Reihe *Unplugged*.

UNPLUGGED

Wenn es um die legendärsten Sendungen des Musikfernsehens geht, muss die *Unplugged*-Reihe von MTV einen der ersten Plätze belegen, ganz klar. Einen großen Popularitätsschub erlebt das Format durch Ex-Beatle Paul McCartney, der sein *Unplugged*-Konzert 1991 auf CD veröffentlicht. Noch im selben Jahr produziert MTV ein Hip-Hop-/Rap-Special mit LL Cool J, De La Soul und A Tribe Called Quest. Ein wichtiger Grundstein für unsere Geschichte ist damit gelegt.

Bis *Unplugged* auch in Deutschland ankommt, dauert es noch ein paar Jahre. Der erste hiesige Musiker, der sich über eine Anfrage von MTV freuen darf, ist Herbert Grönemeyer, der 1994 unter Beweis stellt, dass er auch ohne Steckdose auskommt. Gleich nach ihm, wenn auch sechs Jahre später, schickt die *Unplugged*-Redaktion die nächste Einladung nach Deutschland, und zwar nach Stuttgart. Diesmal landet sie im Briefkasten der Fantastischen Vier. Das sorgt bei den Hip-Hoppern für viele Ungewissheiten.

Zunächst einmal stellen sich die Fantas die Frage: Ist unsere Musik ohne Strom überhaupt umsetzbar? Sie treffen sich bei Thomas D, hören ihre alten Alben durch und wählen einige Songs aus, die infrage kommen. Dabei legen sie Wert darauf, nicht nur aktuelle Tracks zu berücksichtigen, sondern auch Old-School-Nummern. Außerdem möchten sie nicht bloß Stücke aussuchen, die sich ohnehin für eine Unplugged-Version anbieten, sondern auch Lieder, bei denen elektronische Sounds in akustische Klänge übersetzt werden müssen.

Als die Auswahl steht, ziehen Smudo und Co. ihren langjährigen Keyboarder Lillo Scrimali zu Rate. Schnell wird deutlich, welche Stücke funktionieren und welche nicht. Ein zentraler Umstand, der Scrimali und den Fantastischen Vier auffällt: Jeder Song muss musikalisch getragen werden und das geht nicht nur mit einem Piano, weshalb auch Streicher ins Spiel kommen. Das Ensemble setzt auf verschiedene Flöten, weil sie sich wunderbar eignen, um elektronische Sounds nachzubilden.

Schnell entwickelt sich Scrimali zum musikalischen Leiter des »Unplugged«-Projekts und arrangiert die Songs der Band für den akustischen Auftritt um. Die Leitung der Rhythmusabteilung übernimmt Fanta-4-Schlagzeuger Flo Dauner. Die Dritten im Bunde sind die Fantas selbst, die den Überblick bewahren. Denn zwar wissen sie nicht, wie der Job eines Violinisten funktioniert, dafür aber sehr genau, wie ihre Musik klingen muss. »Sie sind Perfektionisten«, erzählt Scrimali. »Das mag ich.« Das bestätigt auch Dauner. Man habe richtig gemerkt, dass die Vier ein ganz anderes Interesse an den Instrumenten gehabt hätten als sonst. Zum Beispiel die eingesetzte Bassflöte habe die Jungs fasziniert.

Bei manchen Songs hält sich die Herausforderung des Umkomponierens in Grenzen. »Konsum« können die Fantastischen Vier zum Beispiel fast eins zu eins nachspielen, weil auch das Original unter dem Einsatz akustischer Instrumente entstanden war. »Sie ist weg« hingegen fordert die Gruppe ganz schön heraus.

Das gleiche gilt für den Ort des Geschehens: Um eine Location für ihren *Unplugged*-Gig zu finden, suchen die Stuttgarter ganz Deutschland ab. Fündig werden sie schließlich im Sauerland, wo der Schützenverein Balve die Tropfsteinhöhle im Ort renoviert hat, damit dort Veranstaltungen stattfinden können. Eigentlich hatten die Fantastischen Vier geplant, auf einer Waldlichtung zu spielen, also so »unplugged«, wie es nur geht. Das Wetter wäre in diesem Fall allerdings ein zu großer Risikofaktor gewesen. Doch auch die Balver Höhle hat ihre meteorologischen Tücken.

Kurz vor dem Konzert regnet es. Und wie es in einer Tropfsteinhöhle eben so ist, sickert das Wasser nur gemächlich ins Innere. Das sorgt dafür, dass es teilweise noch bei der Generalprobe am Tag vor der Show auf die Instrumente tropft, zum Beispiel auf das Vibrafon von Scrimali. Und es gibt noch eine Schwierigkeit.

Das Reglement von *Unplugged* sieht vor, dass die teilnehmenden Musiker still auf einem Stuhl sitzen sollen. Wer schon einmal ein reguläres Konzert der Fantastischen Vier gesehen hat, weiß, dass das nicht unbedingt ihr Normalzustand ist. Dennoch: Auch die energiegeladenen Rapper müssen einräumen, dass das Sitzen für die Musikproduktion zuträglich ist. In einer ruhigen Körperhaltung kann man sich nämlich besser auf die Stimme konzentrieren.

Auf Tour gehen die Fantas mit ihrem *Unplugged*-Programm nicht. Doch zu einer Wiederholung des Events kommt es trotzdem. 2012 klingelt MTV noch einmal bei der Gruppe durch. Als erste deutsche Band dürfen sie ein zweites *Unplugged*-Konzert geben. Diesmal ist wieder alles anders: Smudo und Co. wiederholen keinen Song vom ersten Gig, haben unter anderem den Flamenco-Gitarristen Rafael Cortés dabei, ebenso wie eine Lapsteel-Gitarre, eine Mandoline und ein Klavier, das sie extra offen lassen, damit sie den Klang des Instruments verändern können.

Lillo Scrimali ist auch diesmal wieder der Kapitän an Bord und koordiniert die mehr als 90 teilnehmenden Musiker. Und die Fantastischen Vier können einmal mehr unter Beweis stellen: Auch Hip-Hop funktioniert ohne Strom.

VIEL

Zu Beginn der Nullerjahre lebt jeder der Fantastischen Vier sein eigenes Leben. Michi widmet sich wieder seiner DJ-Leidenschaft mit Turntablerocker, And.Ypsilon und Thomas bringen Soloalben raus und Smudo betreibt Rennsport. Ob die Stuttgarter noch ein gemeinsames Album rausbringen, ist fraglich. Zumindest plant keiner von ihnen den ersten Schritt. Doch dann gibt Manager Bär seinen Jungs einen Schubs – bis sich die Band bei Thomas in der Eifel zusammensetzt.

Was ihre grundsätzliche Richtung betrifft, sind sich die Musiker schnell einig: Ihr größter Wunsch ist Weiterentwicklung. »Es gab sicher die Angst, dass wir eine uncoole Platte machen«, berichtet Smudo in einem Interview. Michi Beck formuliert das Ganze sogar noch drastischer: »Ich mach diese Scheißplatte nicht, nur um eine Platte zu machen.« Doch die längere Pause hat den Fantas gutgetan und sie haben wieder viel zu erzählen. Einige Hürden gibt es trotzdem.

Bevor die Fantastischen Vier die Arbeit an ihrem sechsten Album aufnehmen, müssen sie sich synchronisieren. Dafür reisen sie Ende 2002 für zwei Wochen auf eine Hütte im österreichischen Vorarlberg, schotten sich von der Außenwelt ab und versuchen, zueinander zu finden. Das klappt auch – so richtig in Gang kommt die Gruppe aber immer noch nicht.

Als die ersten Sessions beginnen, ist Michi nach wie vor skeptisch, wie er berichtet. Immer wieder telefoniert er mit seiner Freundin (und heutigen Frau) Uli und erzählt ihr davon, wie deprimiert er ist. Erst mit der Zeit bessert sich die Lage. »Der Hunger kommt beim Essen«, scherzt Michi in einem anderen Interview.

Auch persönlich wachsen die Musiker wieder stärker zusammen. Die troyen Freunde haben sich gefehlt. Denn am besten funktionieren die Fantas immer dann, wenn eine Vier dahintersteht. Wobei ... »Freunde trifft es nicht mehr«, stellt Smudo fest. »Familie passt besser.« So soll es sein.

Der neue, alte Zusammenhalt äußert sich auch während der Produktion von *Viel*, die anders abläuft als bei den vorherigen Alben. Statt sich individuell auszuleben, rücken die Fantastischen Vier wieder eng zusammen, auch beim Texten. Man könnte es als Comeback bezeichnen – und dieses Gefühl fließt vor allem in einen Song ein: »Troy«.

Wenn es ein Lied gibt, das für die Liebesgeschichte zwischen den Fantastischen Vier und ihren Fans steht, dann »Troy«. Das war erstmal gar nicht so gedacht, wie Michi in einem Interview erzählt. Vielmehr hätte sich die Band zunächst am Sample orientiert und erst später sei daraus Stück für Stück ein Liebeslied an ihre Anhängerschaft entstanden. Die Nummer sprüht nur so vor Energie und macht ohne Umschweife deutlich: Die Fantastischen Vier sind wieder da. Abgerundet wird das Stück von einer Passage aus »Goldener Reiter« von Joachim Witt. Er würde es sicher mögen, wenn er es hören würde, mutmaßt Smudo.

Als »Troy« im Juni 2004 erscheint, ist das restliche Album noch gar nicht fertig. Ganze drei Monate liegen zwischen den beiden Veröffentlichungen. Als schließlich auch *Viel* rauskommt, bekommen die Fans in Albumlänge die »alten Fantas« zu hören, und zwar im besten Sinne. Die Stuttgarter blödeln wieder herum, erfreuen sich an ihrem Beisammensein und genießen den Schritt ins Scheinwerferlicht. Mit *Viel* habe wieder eine neue Ära in der Bandgeschichte begonnen, erklärt And.Ypsilon. Es ist der Platte deutlich anzuhören.

Über »Troy« hinaus enthält das Album vor allem »Mitte-des-Lebens-Songs«, wie And.Ypsilon die restlichen Stücke beschreibt. Dazu zählt zum Beispiel »Geboren«, in dem die Fantastischen Vier die ganzen W-Fragen stellen: Wo kommen wir her? Wo gehen wir hin? Was ist der Sinn? Fragen, die man sich wohl in der Tat schon einmal gestellt hat, wenn man Anfang 30 ist.

Mit »Sommerregen« gibt es auf *Viel* auch einen sehr ruhigen Song zu hören, den die Fantas als dritte Single von der Platte auskoppeln. Und für »Bring It Back« holen die Stuttgarter die deutsche Hip-Hop-Legende Sabrina Setlur an Bord. Cool!

Zwei Jahre arbeiten die Fantastischen Vier an ihrem sechsten Werk, also so lange wie an keinem ihrer Alben zuvor. Der Aufwand lohnt sich, denn die Band klingt wieder wie aus einem Guss. Oder wie Thomas D es formuliert: »Rund wie ein Schweizer Käse, aber nicht so löchrig.«

Auch live ändert sich bei den Rappern was. Zum ersten Mal in ihrer Karriere stehen sie regelmäßig um die zwei Stunden auf der Bühne und nicht 90 bis 100 Minuten, wie es bisher der Fall gewesen war.

Anders gesagt: 2004 sind die Fantas wieder da. Und das gilt nicht nur für ihre Musik. Nur kurz nach der Veröffentlichung von *Viel* flimmern die Stuttgarter zum ersten Mal über die große Leinwand – als Pinguine!

IM KINO

In der Musikwelt sind die Fantastischen Vier zu Beginn der Nullerjahre längst eine feste Größte. Auch im Fernsehen finden die Stuttgarter regelmäßig statt, zum Beispiel in Form von Smudos langjährigem Mitwirken an der SWR-Sendung *Sag die Wahrheit*. 2005 stürmen die Hip-Hopper zusätzlich das Kino: Für den Animationsfilm *Madagascar* übernehmen sie Rollen als Synchronsprecher – und zwar gleich im Viererpack! Skipper, Kowalski, Private und Rico: Das sind die vier Pinguine, in deren Rollen die Fantastischen Vier in *Madagascar* schlüpfen. Klar, die Wahl lag auf der Hand. »Vier Pinguine, von denen einer nichts sagt – das ist ja wie bei uns!«, erzählt Michi in einem Podcast. Trotzdem wissen Michi und Co. zunächst nicht, was sie von der Anfrage des deutschen Filmverleihs halten sollen. Schließlich haben sie keinerlei Erfahrung als Synchronsprecher. Dennoch: Sie sagen zu und im Synchronstudio lösen sich all ihre Bedenken in Luft auf. Sie seien toll unterstützt worden, berichtet Beck von der Arbeit hinter den Kulissen. Es habe die ganze Zeit ein Regisseur bei den Rappern gesessen, der ihnen im Zweifel vorgesprochen habe, wie er sich das Ganze vorstellt. Außerdem sei es gar nicht so schwierig, animierte Figuren zu sprechen, erklärt Michi. Solange der Anfang und das Ende des Satzes zur Mundbewegung passen würden, sei alles gut. Smudo geht sogar noch einen Schritt weiter und ist der Meinung, dass die Synchronisation der Fantas besser gelungen ist als das US-amerikanische Original. Und man muss sagen: Er hat völlig recht. Genau aus diesem Grund geht die Synchronkarriere der Stuttgarter nach *Madagascar* auch noch weiter.

So spricht Smudo zum Beispiel den Grautvornix in *Asterix und die Wikinger*, schlüpft in die Rolle des Boingo in *Die Rotkäppchen-Verschwörung* und darf für eine Folge der US-Serie *Monk* sogar die Synchronstimme der kalifornischen Hip-Hop-Legende Snoop Dogg übernehmen. In den zwei *Angry Birds*-Filmen spricht Smudo den Mächtigen Adler, also den einzigen Vogel im *Angry Birds*-Universum, der fliegen kann. Er habe so einiges mit der Rolle gemeinsam, erzählt Smudo schmunzelnd in einem Interview. Auch der Mächtige Adler sei früher einmal eine große Nummer gewesen, nun aber ein bisschen älter geworden, ein bisschen grauer und ein bisschen Bauch sei inzwischen auch da. Er sei ein guter Kerl, aber auch ein Angeber, der sich auf seinen alten Lorbeeren ausruhe. Eine lustige Vorstellung, aber ganz so schlimm ist es bei Smudo ja nun nicht.

Michi Beck orientiert sich nach seiner *Madagascar*-Rolle in Richtung Disney und übernimmt die Stimme des Duke Caboom in *Toy Story 4: Alles hört auf kein Kommando* – nicht ganz ohne Hintergedanken, wie der Musiker in einem Interview verrät. Das Synchronstudio, das hinter *Toy Story 4* stecke, sei dasselbe wie beim *Star Wars*-Franchise. Als alter Hardcore-Fan der Sci-Fi-Reihe habe Michi auf eine kleine Sprechrolle in Episode 9 gehofft – leider ohne Erfolg.

Zur Kombination *Star Wars* und Kino gibt es in der Geschichte der Fantastischen Vier übrigens noch ein nettes Anekdötchen. Nicht nur, dass die Stuttgarter in ihren Songs mehrfach Samples aus den Filmen verwenden, darunter auch in ihrem ersten Hit »Die da!?!«. (Luke Skywalker sagte einst: »Wer ist sie? Sie ist wunderschön!«) Nein, auch eine sehr geschichtsträchtige Begegnung zwischen Thomas und Smudo kommt nur durch *Krieg der Sterne* zustande – ihre allererste!

Ende der Achtziger hat Smudo den ersten Teil der *Star Wars*-Reihe schon so häufig gesehen und das Hörspiel schon so oft zum Einschlafen gehört, dass er den gesamten Film mitsprechen kann, genau wie sein Bruder. Als der Streifen endlich auch im Schulkino der beiden läuft, organisieren sie sich je ein Ticket für eine Mark, schauen sich Episode 4 noch einmal auf der großen Leinwand an – und sprechen den gesamten Film mit, teilweise sogar leicht zeitversetzt im Vorhinein. Warum? Weil sie es können.

Was Smudo wohl nicht weiß: Gleich hinter ihm sitzt Thomas D und ist tierisch genervt von der Show-Einlage in der Reihe vor ihm. Was soll das Gequassel da vorne?? Erst Jahre später wird den beiden die zufällige Begegnung bewusst; Kontakt nehmen sie an jenem Kinoabend noch keinen auf. Das ist ob der Umstände vielleicht gar nicht so schlecht.

UNTER WASSER

26. Dezember 2004, 7:58 Uhr Ortszeit in Thailand. Auf die Urlaubsregion Khao Lak rollen turmhohe Monsterwellen zu. Man hört Schreie, Menschen fürchten um ihr Leben und rennen panisch ins Landesinnere. Zu ihnen gehören auch Thomas D und seine Familie, denn sie sind gerade im Weihnachtsurlaub am indischen Ozean. Dass sie wieder zurückkommen, ist ein Wunder.

Eigentlich möchte Familie Dürr nur ein paar freie Tage in einem Resort am Strand verbringen. Die Monate vorher waren stressig gewesen, unter anderem aufgrund der Promo für das sechste Fanta-4-Album *Viel*. Doch von Entspannung kann während dieses Familienurlaubs nun wirklich keine Rede sein. Thomas D, seine Frau und seine Tochter geraten in das drittstärkste Erdbeben, das je gemessen wurde, und das gleich mehrere verheerende Tsunamis auslöst, die über die Inseln in der Gegend wüten. Einer davon erfasst auch Thomas D und seine Liebsten.

Zu dem Zeitpunkt seien die Wassermassen schon keine große Welle mehr gewesen, sondern es habe ausgesehen, als schütte jemand einen überdimensionalen Eimer mit 80 Millionen Litern Wasser über dem Land aus. Die Flut sei einfach immer stärker geworden, bis man sich schließlich nicht mehr habe halten können. Es habe einem einfach die Beine weggerissen.

Was dann passiert, ist der Elternhorror schlechthin: Nicht nur, dass die Wassermassen Thomas D selbst ins Landesinnere spülen. Nein, der Musiker hat auch noch ein anderthalbjähriges Kind auf dem Arm und die beiden werden über ganze viereinhalb Kilometer mitgerissen. Immer wieder drücken die Wassermassen Thomas D nach unten, sodass er kaum noch Luft bekommt. Doch er bewahrt so gut es geht Ruhe und kann seine Tochter und sich selbst auf eine Matratze retten.

Das Faszinierende sei, dass seine Kleine wohl noch nicht einmal gemerkt habe, dass sie sich in einer Extremsituation befinde. Denn auch über fliegende rosafarbene Elefanten würden sich Kinder nicht weiter wundern. Sie wüssten es ja nicht besser. Seine Tochter habe keine Panik und keine Angst gehabt, da sie die Flut nicht in ein Verhältnis zu irgendwas gesetzt habe.

Von seiner Frau wird Thomas schon zu Beginn der Naturkatastrophe getrennt. Sie sei sehr schnell eingeklemmt worden, wie er berichtet – und er sei rasch der Überzeugung gewesen, dass sie bereits tot sei. Nur wenige Minuten später erlebt Thomas D das vielleicht größte Wunder seines Lebens.

Seine Tochter hat der Musiker nach wie vor im Arm. Sie ist komplett voller Schlamm. Die Lage beruhigt sich langsam und die Wassermassen werden zu einem großen See, der alles unter sich begräbt. Was Thomas dann hört, kann er kaum glauben. »Thomas!«, ruft eine Frau. Das kann doch nicht sein, denkt er. Wer soll mich denn hier rufen? Das muss ich mir einbilden. »Thomas!«, schallt es noch einmal. Plötzlich bemerkt der Rapper in etwa zehn Metern Entfernung eine Palme, die aus dem Wasser ragt. Seine Frau hält sich daran fest – und ruft nach ihm.

Zwei Drittel aller Touristen kommen bei dem Erdbeben zu Tode. Für Familie Dürr markiert der Urlaub eine zweite Geburt. Der Vorfall sei der Beweis dafür, dass seine Zeit und die seiner Familie noch nicht gekommen sei. Wenn alles auf der Welt bloß eine zufällige Aneinanderreihung von Zufällen sei, wäre er an jenem Tag gestorben. Er habe zwischenzeitlich aber auch gedacht, dass es schon okay sei, wenn er nun abtrete. Immerhin wäre er dann nicht auf einer Bananenschale ausgerutscht wie so ein Idiot, sondern bei einem Tsunami ums Leben gekommen. Wie man das schon überleben solle, möchte er wissen.

Ein paar Tage nach der Flutkatastrophe reisen Thomas D, seine Frau und ihre Tochter wieder nach Deutschland. Die Badehose, die Thomas während des Tsunamis trägt, besitzt er heute noch.

FORNIKA

Was genau »Fornika« bedeutet, lassen sich die Fantastischen Vier nicht so recht entlocken. Es könnte das »Balzverhalten der Haubentaucher auf den Galapagosinseln« sein, wie Thomas D in einem Interview mutmaßt. Oder ein Herrenduft. »Fornika for Men«. Smudo hingegen erklärt den Begriff lieber anhand seiner Vorliebe für Kaffee. Fornika sei ein Kunstbegriff für einen Bereich im Unbekannten, so der Stuttgarter. Für ihn sei es zum Beispiel wichtig, seinen Kaffee durch Wassertemperatur, Mahlgrad und Pressstärke in den sogenannten Fornika-Bereich zu bekommen. Dieser Bereich sei schwer zu ertasten und könne nicht immer gefunden werden. Wenn es aber klappe, dann sei der Kaffee unheimlich lecker. Klar so weit?

So unkonkret das Wort Fornika auch ist, so konkret sind die Erfolge, die die Fantastischen Vier mit ihrem gleichnamigen siebten Album feiern. Von einer Videopremiere zur besten Sendezeit Deutschlands bis hin zu einer Kooperation mit dem erfolgreichsten Musiker des Landes ist wirklich alles dabei.

Die Geschichte von *Fornika* beginnt mit einer Idee, die Smudo und Thomas gar nicht mal so atemberaubend finden. Um Texte für das siebte Album der Fantas zu schreiben, fahren die beiden zusammen in den Urlaub und halten einige Entwürfe fest. Etwas später trifft sich Smudo mit Michi und stellt das Material dem dritten Rapper im Bunde vor. Thomas und er hätten nicht viel zustande gebracht, nur so eine Idee sei herausgekommen. Er spielt Michi eine Demoaufnahme von »Einfach sein« vor – und der ist sofort begeistert. »Super Hook, super Slogan«, befindet Beck. Er stellt aber auch fest: Smudo klingt wie Herbert Grönemeyer. Dann kommt eins zum anderen.

Eigentlich ist eine Zusammenarbeit mit Grönemeyer gar nicht geplant, doch irgendwann fragt Michi: Warum eigentlich nicht? Smudo habe doch seine Nummer, warum er ihn nicht mal anrufe. Besser als Smudo sänge er allemal. Als der tatsächlich bei Grönemeyer durchklingelt, sagt der gebürtige Göttinger sofort zu. Er und die Fantas kennen sich bereits aus der deutschen Musikwelt und einen Freundschaftsdienst unter Bekannten leistet er gerne. Zu einer tatsächlichen Zusammenarbeit mit Grönemeyer kommt es allerdings nicht, denn der Sänger nimmt seinen Part einfach in seinem Heimstudio auf. Eine Version mit Smudos Gesang entsteht später auch noch, denn schließlich müssen die Hip-Hopper den Song live auch ohne Grönemeyer zum Besten geben können.

Eine weitere Nummer auf *Fornika* heißt »Nikki war nie weg« und entspringt einer Idee des leider verstorbenen

Frankfurter Techno-DJs Mark Spoon. »Hey Michi, schreib doch mal 'nen Song der ›Nikki war nie weg‹ heißt, wär doch witzig«, haut er Beck an. Warum, weiß Beck selbst nicht so genau und lässt die Idee erstmal ruhen. Doch als Spoon im Alter von nur 39 Jahren an Herzversagen stirbt, erinnert sich Beck an den Vorschlag und sagt zu seinen Jungs: »Wir müssen einen Song namens ›Nikki war nie weg‹ schreiben.« Gesagt, getan. Smudo rappt in seiner Strophe über Nikki Lauda. Rennfahrer, klar. Thomas D sucht sich Nicky Hilton aus. Warum auch immer. Und Beck entscheidet sich als alter Mode-Fan für den Nickistoff. Spoon wäre sicher stolz gewesen.

Auch die Idee zu »Ernten was wir säen« stammt von Spoon, denn es ist der Spruch, den der DJ auf seiner Brust tätowiert hat. Als Background-Chor kommt bei der Nummer die Münchner Freiheit zum Einsatz. Und was war nun mit der besten Sendezeit?

Als das Video zu »Ernten was wir säen« erscheint, läuft die Premiere unmittelbar vor der *Tagesschau*. Besser geht es nicht und spätestens damit dürften die Fantastischen Vier im Fornika-Bereich der deutschen Gesellschaft angekommen sein.

HEIMSPIEL

Die Autostadt Stuttgart ist ein wichtiger Dreh- und Angelpunkt in der Geschichte der Fantastischen Vier. Hier unternehmen die Rapper ihre ersten Gehversuche, finden zusammen, geben ihr Debütkonzert, lernen ihren Manager Bär kennen und gründen ihr Label Four Music. Kein Wunder also, dass die Fantas auch ihren 20. Geburtstag in »Benz-

town« feiern. Eine Rückschau auf die Stuttgart-Geschichte
der Gruppe.

Kämen die Fantastischen Vier nicht aus der baden-württembergischen Landeshauptstadt, hätte es sie vielleicht nie
als Band gegeben. Ein wichtiger Einfluss in ihren Anfangstagen sind nämlich die in und um Stuttgart stationierten GIs,
die nicht nur in Deutschland arbeiten, sondern auch ihre US-
amerikanische Kultur mitbringen. Das übt eine wahnsinnige
Faszination auf Smudo und Co. aus. Leider gestaltet sich das
Schaffen von Berührungspunkten nicht immer einfach.

Ein amerikanisches Kasernengelände betritt man nicht
nach Lust und Laune. Alles ist hermetisch abgeriegelt und erst
hinter der streng bewachten Absperrung liegt der spannende
Übersee-Mikrokosmos mit US-Supermärkten, amerikanischen
Ampeln und V8-motorisierten Autos. Smudo hat diesbezüg-
lich gleich mehrfach Glück. Durch eine Bekannte bekommt
er die Möglichkeit, jemanden auf einem US-Kasernengelände
abzuholen. Außerdem hat er einen amerikanischen Cousin namens Clint, der mit seinem Vater zu Besuch kommt, und mit
dem Smudo Football spielt und Erdnussbutter isst.

Leichter ist der Zugang zur US-Welt über die Nachtclubs
der GIs, wie dem Maddox und dem Peppermint in Böblingen.
Denn wo die Amerikaner feiern gehen, läuft auch amerikanische Musik. Und das ist damals, vor allem unter den Schwar-
zen Soldaten: Hip-Hop.

Thomas D, Smudo und Michi lernen Rap als Partymusik
kennen und kommen mit DJing in Berührung. Wenig später
besorgen sie sich über die wenigen Import-Plattenläden ihre
ersten Hip-Hop-Alben. Was daraus wird, wissen wir.

Aber auch über die US-Kultur hinaus nimmt ihre baden-würt-
tembergische Herkunft Einfluss auf die Fantastischen Vier, und
zwar in Form des Gutbürgerlichen. Das wird zum Beispiel deut-

lich, wenn man sich das Bonusmaterial der Fanta-DVD *Was geht* anschaut, wo Thomas Ds Mutter erklärt, wie ein richtiger Kartoffelsalat auszusehen hat. Ghettoreime? Die wären hier fehl am Platz – und die Fantastischen Vier erkennen das.

Betrachtet man den Werdegang der Gruppe, liefert Stuttgart also die Grundlage für eine der letzten großen Musikgeschichten vor der deutschen Einheit, wie Smudo es in einem Interview so schön formuliert. 20 Jahre später wohnen die Bandmitglieder über ganz Deutschland verstreut. Doch für ihr Jubiläum treffen sie sich wieder in der alten Heimat und treten am 25. Juli 2009 mit einem Begleitorchester vor 60 000 Zuschauern auf den Cannstatter Wasen auf. 28 Songs geben sie dort zum Besten, in mehr als zwei Stunden. Es ist ein würdiger Geburtstag, der auch als DVD veröffentlicht wird. Weitere zehn Jahre später, zu ihrem 30. Jubiläum, nimmt die Band die Einladung an, sich ins Goldene Buch der Stadt Stuttgart einzutragen. Was die Fantas bei ihrer Geburtstags-Show im Jahr 2009 noch nicht wissen: Das ist noch lange nicht das Ende.

FANTASIE

Als die Fantastischen Vier an ihrem achten Album *Für dich immer noch Fanta Sie* arbeiten, gibt es die Gruppe bereits seit 20 Jahren. Die Stuttgarter sind inzwischen also echte »Elder Statesmen« des deutschen Hip-Hop. Genau diesen Umstand thematisieren sie auch im Titel der Platte, natürlich mit einem Augenzwinkern. Es gehe aber auch um ein Sprachspiel, wie Michi Beck in einem Interview berichtet.

»Fanta Sie« und »Fantasie«: Das habe den Wortakrobaten gefallen.

Inhaltlich beweisen die Fantastischen Vier auf *Für dich immer noch Fanta Sie* einmal mehr, dass sie keineswegs zum
alten Eisen gehören. Es sei ein Kampf, sich ständig neu erfinden zu wollen, berichtet Beck. Im Track »Das letzte Mal« ist
zu hören: Nicht alle gewinnen diesen Kampf. So beschäftigt
sich Beck in dem Song sehr deutlich mit dem Älterwerden.
Er habe beobachtet, dass viele seiner gleichaltrigen Kollegen zwanghaft versuchen würden, die Rave-Kultur künstlich
hochzuhalten. Es sei ein verbitterter Mechanismus: »Abstür-
zen, Gas geben und durchdrehen am Wochenende, aber von
Montag bis Donnerstag innere Leere und Antriebslosigkeit.«
Er habe nichts gegen ausgelassenes Feiern, ganz im Gegenteil. Doch seine Generation befinde sich in einem Scheide-
wegalter zwischen Verantwortung und Inhaltslosigkeit. Und
da soll einer behaupten, die Fantas hätten im besten Alter
nichts mehr zu sagen. So viel hätte es sogar noch nicht einmal sein müssen.

Eigentlich schreibt Beck den Text nämlich gar nicht für
die Fantastischen Vier, sondern für das deutsche House-Duo
Booka Shade. Die beiden fragen Beck, ob er nicht Lyrics zu
ihrem nächsten Album beitragen könnte. Michi kann! Doch
die House-Experten benötigen gar nicht so viel, wie er an-
liefert. Deshalb lautet der Deal schließlich: Booka Shade verwenden den Refrain und den Titel »Das letzte Mal«; im Ge-
genzug produzieren sie einen Track mit dem gesamten Text
für das nächste Fanta-4-Album.

Dass Michi Beck und Co. immer noch viel zu erzählen ha-
ben, macht sich auch in »Kaputt« bemerkbar, einer echten
Überraschungsnummer auf *Für dich immer noch Fanta Sie*.
Derart aggressiv hört man die Stuttgarter selten. So lauten

zwei der Zeilen: »Wenn du mich hasst, dann fick dich / Und wenn du mich liebst, dann fick mich«. Und das ist bei Weitem nicht die harscheste Textpassage in dem Track.

Im Prinzip hätte jedes Fanta-Album seit *Lauschgift* das letzte sein können. Schon Mitte der Neunziger fragen sich die Hip-Hopper, ob sie weiterhin Musik machen möchten. Zum Glück sind sie immer noch da, auch in den Zehnerjahren. Der Songtitel »Was wollen wir noch mehr?« sei eher eine Zufriedenheitsaussage und eine rhetorische Frage, auf die es keine Antwort gebe, zumindest nicht von der Band selbst, erklärt Michi Beck. Solange das Publikum noch mehr von den Fantas hören wolle, seien die Vier wunschlos glücklich. Als Nächstes folgt aber erstmal ein Gastspiel im TV.

THE VOICE

Wer in Deutschland noch lineares Fernsehen schaut, kommt an *The Voice Of Germany* nur schwerlich vorbei. Seit mehr als zehn Jahren lockt das Format Jung und Alt vor die Mattscheibe (oder den Flachbildschirm) und zeigt Nachwuchstalente, die sich im Rahmen der blamagefreien Castingshow behaupten möchten. Zum Konzept der Sendung gehören auch die sogenannten Coaches, also erfolgreiche Popstars, die sich auf Wunsch der besten Wettbewerber annehmen. Auch die Fantas werden mehrfach für diesen Job angefragt, schon seit der ersten Staffel. Doch zu Beginn lehnen sie jedes der Angebote ab. Eine Castingshow? Nein, danke. Erst als ihr guter und wählerischer Kollege Max Herre bei *The Voice* zu sehen ist, werden Smudo und Co. neugierig.

Zum ersten Mal schauen sie sich das Format tatsächlich an – und schlagen die nächste Anfrage nicht mehr aus.

Zu ihrer Zusage bewegen sie gleich mehrere Dinge. Zum einen haben die Stuttgarter schon seit Jahren nichts mehr mit ihrem Label Four Music zu tun. Die Sendung ermöglicht es ihnen, wieder auf Talentsuche gehen zu können, wenn auch in anderer Form. Zum anderen ist *The Voice* eine gute Promoplattform für die Band selbst. Vor allem jüngere Musikhörer haben die Fantas zu jener Zeit nicht mehr richtig auf dem Schirm, was sich durch das Format rasch ändert. Doch die Entscheidung, dass Smudo und Michi als Coach-Duo an der Sendung teilnehmen, geht nicht ganz reibungslos über die Bühne. Es kommt auch zu internen Spannungen.

Eine der Fragen, die sich die Kollegen stellen: Sorgt ein Engagement bei einer TV-Show nicht dafür, dass wir weniger Konzerte spielen können? Was bedeutet das in finanzieller Hinsicht, in erster Linie für all jene, die für die Fantastischen Vier arbeiten? Gehen möglicherweise sogar Jobs verloren? In Ruhe denken die Stuttgarter über all das nach – und kommen zu dem Schluss, dass der Mehrwert im Vordergrund steht. So treten Smudo und Michi zum Beispiel als »Team Fanta« auf, nicht losgelöst von ihrer Gruppe. Die Werbung zahlt somit auf das Konto der gesamten Band ein, nicht nur auf das der beiden Coaches als Personen. Außerdem geht es bei *The Voice* noch um etwas viel Wichtigeres: die echte Connection zu jungen Talenten.

Wie emotional es dabei teilweise zur Sache geht, damit haben Smudo und Michi selbst nicht gerechnet. Wenn die Teilnehmenden besonders mitreißend performen, fließt auch schonmal eine Träne.

Böses Blut mit den vorherigen *The Voice*-Coaches The BossHoss gibt es übrigens keins, wie Thomas D in einem

Interview erzählt. »Ich glaube nicht, dass sie sauer sind«, gibt er zu Protokoll. Durch *The Voice* sei die Karriere der Country-Rocker ja ziemlich steil gegangen und es laufe sehr gut für sie.

Ganze acht Mal waren die beiden Fantas seit 2014 nun schon bei *The Voice* und *The Voice Kids* an Bord. Man darf gespannt sein, wie viele weitere Staffeln noch folgen werden.

REKORD

25 Jahre Fanta 4! Silberhochzeit, quasi. Schon zwei Jahre vorher beschließen die Stuttgarter, zu diesem Anlass ein neues Album zu veröffentlichen. Der Name der Platte: *Rekord*. Aber welcher Rekord ist gemeint? Einen Teil der Antwort verrät das Albumcover, denn das Artwork zeigt einen Kassettenspieler mit gedrückter Aufnahmetaste. Doch hinter dem Albumtitel steckt noch mehr.

Wenn man schon so lange im Geschäft ist wie die Fantastischen Vier, gehört das Aufnehmen einer Platte nicht mehr zu den leichtesten Übungen. Die Messlatte im Musicbusiness liege sehr hoch, erklärt Smudo in einem Interview. Außerdem stelle sich die Band bei jedem neuen Album die Frage nach der eigenen Relevanz. Diesen Umstand thematisieren die Hip-Hopper auch in einem Song von *Rekord*, und zwar in »Der Mann den nichts bewegt«.

Diesmal habe es sogar noch eine weitere Hürde gegeben, verrät Smudo. Dass die Gruppe bereits 2012 gewusst habe, dass 2014 ein neues Album erscheinen soll, sei seiner Arbeitsweise nicht unbedingt entgegengekommen. »Ich brauche Druck«, gesteht der Rapper. Am besten funktioniere er, wenn die Deadline unerbittlich näher rücke.

Trotzdem: Die Fantas gelangen zum Ziel. Am 24. Oktober 2014 erscheint *Rekord* und schießt ohne Umschweife auf den ersten Platz der Albumcharts, genau wie die zwei Platten zuvor.

Auf ihrem achten Werk zeigen sich die Stuttgarter einmal mehr als Hip-Hop-Band, die gekonnt altert. Nicht nur, dass sie in Songs wie »Heute« eine Energie versprühen, als hätten sie den Rap gerade erst für sich entdeckt. Nein, sie scheuen sich auch nicht vor Themen, die mit dem Älterwerden relevanter werden, wie zum Beispiel Demenz und Tod.

Im Stück »Wie geliebt« thematisieren die Fantastischen Vier die Einsamkeit, von der sie zwar glücklicherweise nicht selbst betroffen sind, die sie aber um sich herum mitbekommen, auch im High-Life-Leben.

Ihr Dasein als Familienväter spiele ebenfalls eine Rolle, wie Smudo erzählt. So stamme die Idee für das Ende des Songs »Und Los« zum Beispiel aus der Kinderserie *Emily Erdbeer*, wo in einer Folge Pferde zu sehen seien, die einen Regenbogen hochrennen. »Das sieht aus wie in einem Beatles-Film aus den späten Sechzigerjahren, der totale Trip«, findet Smudo. Im Grunde setzen die Fantas damit nur konsequent fort, was sie bereits in ihren Anfangstagen begonnen haben: das Samplen von Kinderhörspielen. Als Smudos Tochter Amy das Album zum ersten Mal hört, hat sie allerdings eine ganz andere Frage an ihren Vater. »Papa, was ist kiffen?«, möchte sie wissen. Die Sekunden danach dürften zu den wenigen Gelegenheiten gehören, in denen auch Smudo mal nach Worten gerungen hat.

Auch wir haben noch eine Frage zu beantworten, nämlich die, was es denn nun mit dem Titel *Rekord* auf sich hat. »Wir sind neben De La Soul die am längsten amtierende und dabei ständig aktive Hip-Hop-Band weltweit«, erklärt Michi Beck den Titel. Das ist in der Tat ein Rekord, der sich sehen lassen kann.

SUPERSENSE BLOCK PARTY

Wenn man schon so lange aktiv ist wie die Fantastischen Vier, dürstet es einen irgendwann nach neuen Erlebnissen. 2016 ist es wie so oft Manager Bär, dem ein schönes Projekt für seine Schützlinge in den Sinn kommt. Als Analog-Freak begeistert ihn damals ein Plattenstudio in Wien, in dem es möglich ist, Platten noch während der Aufnahme in Vinyl zu schneiden. Ob das nicht etwas für die Fantas sei, fragt er nach. Tatsächlich reizt der Gedanke die Musiker und sie begeben sich frisch ans Werk. Das Ergebnis ist die *Supersense Block Party*.

Zu Beginn stellen sich die Hip-Hopper das Ganze noch etwas zu einfach vor. »Ja klar, dann kommen wir mit einem Sampler vorbei und legen los«, denken sie. Doch sofort stellt der Betreiber des Wiener Studios klar: So funktioniert das nicht. Sampler können nicht verwendet werden, denn die gesamte Technik funktioniert analog. Über den Köpfen der Fantas erscheinen Fragezeichen. Wie gehen sie das Projekt an? Unplugged? Nein, das hatten sie schon zweimal. An einer dritten Iteration ohne Instrumente haben sie kein Interesse. Dann erinnern sie sich daran, dass auch die Ursprünge des Hip-Hops analog sind. Schließlich entstammt das Genre ursprünglich den Soundsystemen Jamaikas, von wo aus die Musikrichtung in die Bronx gelangt. Sampler gibt es damals noch keine, stattdessen werden zwei Plattenspieler zum Loopen von Beats verwendet und darüber wird dann gerappt. Mit diesem Gedanken sind die Fantas einen Schritt weiter – aber noch lange nicht fertig.

Um ihren Plan umsetzen zu können, lassen die Stuttgarter einige LPs mit Samples und Ausschnitten ihrer Songs anfertigen. Es ist ihnen allerdings wichtig, dass das Ergebnis nicht wie ein Radio-Medley klingt, sondern wie eine echte Club-Party. Also holen sie den DJ-Weltmeister Eskei83 dazu, der die Jungs an den Turntables unterstützt. Außerdem laden sie 50 Fans ins Studio ein, quasi als Partygäste.

Bevor die Aufnahme startet, sind die Fantastischen Vier zum ersten Mal seit Jahren wieder nervös. Das habe einen hohen Wert, wenn man schon so lange im Geschäft sei, erklärt Thomas D in einem Interview.

Der Vinylmitschnitt entsteht noch während der Session, genau wie das Artwork, und zwar per Linoleumschnitt. Anders gesagt: In dem Moment, in dem die letzte Zeile gerappt ist, ist auch die LP bereits fertig. »Alles ist auf Platte, wie es an dem Abend passiert ist«, erzählt Thomas D. Nach der Aufnahme können die Anwesenden also nahtlos zur Release-Party übergehen.

Kopien gibt es von der *Supersense Block Party* nur wenige und sie werden bis heute zu horrenden Preise gehandelt. Die Fantas selbst haben natürlich jeder eine. Doch immerhin: Die Session ist bei den großen Streaming-Anbietern zu finden. Und es gibt sogar CDs – warum auch immer.

ZUSAMMEN

Tuut, tuut. Freizeichen. »Hoffentlich sagt er nicht ab«, denken die Fantastischen Vier, als sie Clueso anrufen, um ihn zu fragen, ob er sie als Gastsänger unterstützen möchte. Der wiederum kommt gerade vom Einkaufen, geht ans Telefon und hat Thomas D am Ohr. Auch Smudo sagt im Hintergrund Hallo, allerdings eher unverständlich, weil er den Mund voller Kekse hat. »Wir hätten dich gerne bei dem Song dabei«, erklärt Thomas dem jungen Musiker. »Endlich!«, ruft Clueso. Sofort ist die Sache eingetütet. Aber Moment. Hat Clueso nicht etwas vergessen? Ja klar, er kennt den Song doch noch gar nicht!

Schon seit geraumer Zeit arbeiten die Fantastischen Vier für ihre Alben mit kreativen Mitproduzenten und Songschreibern zusammen. Dagegen haben sie sich lange gesperrt. Doch irgendwann kommen sie an den Punkt, an dem sie sich wieder mehr Spielereien »verschreiben«. Das begrüßt auch And.Ypsilon, der die Fanta-Alben früher im Alleingang produziert hat. Das gehe heute gar nicht mehr, erklärt der Beat-Virtuose bereits 2017. »Ich bin einfach 50, das merke ich schon.« Man könne sich die Arbeit mit den Externen vorstellen wie eine Art Workshop, erklärt Smudo. Und die Fantas übernähmen nichts einfach so, sondern würden jeder Idee ihre Handschrift verpassen.

Durch die lockere Herangehensweise finden Michi Beck und Co. zur Leichtigkeit ihrer Anfangstage zurück. Es sei durchaus möglich, dass das die Band am Leben gehalten hat, sind sich die Stuttgarter einig. Zusätzlich helfe der Blick von außen, erklärt Smudo. Da komme es auch mal vor, dass ein kreativer Kopf eine Idee gut fände, die bei einem selbst eher in der Schublade gelandet wäre. Was Smudo überrascht: Bei den Fremdtexten handelt es sich fast ausschließlich um »Worship-Songs«, in denen es darum geht, wie toll die Fantastischen Vier sind. So viel Selbstlob seien die Hip-Hopper gar nicht gewöhnt.

Auf die Grundidee für »Zusammen« kommt Produzent Curse, der das Gerüst für den Song entwirft und den Fantas seine Idee vorstellt. »Alles klar, da fehlt nur noch ein Refrain, dann ist das ein Hit«, ist sich Smudo sofort sicher. Er soll recht behalten. Doch eins fehlt noch: ein geeigneter Gastsänger.

Schon auf der Demoaufnahme von Curse ist ein Sänger zu hören, der die Melodie phonetisch skizziert. Es ist gar nicht leicht für die Fantas, sich von dieser Vorlage freizumachen, denn als sie sich auf die Suche nach einem Feature-Gast begeben, haben sie den Track schon häufig gehört. Auf die Idee, bei Clueso anzuklopfen, kommt Rapper Damion Davis, der ebenfalls zum Songwriting-Stab der Fantastischen Vier gehört. »Nein, der möchte doch nichts mit uns alten Säcken machen«, entgegnet Smudo. Doch diesmal täuscht er sich.

Nach dem Telefonat lässt Clueso seine Einkäufe erstmal Einkäufe sein und nimmt noch am selben Nachmittag ein Demo auf – in seiner Wohnung in Erfurt. Ein Nachbar bekommt die Aktion mit und ruft mit thüringischem Dialekt: »Des is' ja 'n Hit!« Ob es sich bei dem Nachbarn um einen Fachkundigen aus dem Musikgeschäft handelt, ist nicht überliefert, aber er weiß offensichtlich, wovon er redet.

Als Clueso wenig später zweimal hintereinander im Berliner Tempodrom auftritt, schaut er im Hauptstadt-Office der Fantas vorbei und nimmt dort seinen Part für »Zusammen« auf. Er macht sich Sorgen, dass seine Stimme mitten während der Tour nicht richtig da ist, doch Smudo beruhigt ihn: Die kann ruhig noch was kaputter sein! Clueso geht engagiert zu Werke und bringt sich in den Song ein. In Windeseile ist die Aufnahme im Kasten und nach wie vor sind sich alle sicher: Das wird ein Hit.

Dass es tatsächlich dazu kommt, liegt sicher auch an Clueso, was die Fantastischen Vier im dazugehörigen Musikvideo sogar auf die Schippe nehmen. So ist zu Beginn des Clips Manager Bär zu sehen, der den Musikern eine lange Standpauke hält. Es gehe seit Jahren nur noch bergab. Die großen Zeiten der Band seien längst vorbei. Bär lässt keinen Zweifel daran: Ohne eine Beatmung von außen stehen die einstigen Popstars am Abgrund. Zum Glück hat er auch sofort einen Lösungsvorschlag: Clueso!

In der Realität wird übrigens umgekehrt ein Schuh draus, denn die Fantastischen Vier sind es, die Clueso mit ihrem Label Four Music überhaupt erst zu einem Superstar aufbauen. Schön, dass es Jahre später zu einer Kooperation zwischen den beiden Generationen kommt, von der beide etwas haben. Denn zusammen macht es doch am meisten Spaß.

YPSILON WIE YEAH!

Eigentlich zieht es And.Ypsilon schon als Kind ins Rampenlicht. Auch er habe das »Bühnen-Gen«, wie er in einem Interview verrät – allerdings nicht so sehr wie die anderen drei Rampensäue in der Band. Als Rapper stehen bei den Fantas vor allem Smudo, Thomas D und Michi Beck im Vordergrund, während And.Ypsilon im Hintergrund werkelt und die Beats der Gruppe zusammenstöpselt. Doch als die Stuttgarter den äußerst wortreichen Track »Aller Anfang ist Yeah« für ihr zehntes Album *Captain Fantastic* aufnehmen, beenden sie das Schattendasein ihres Tüftlers: Diesmal soll auch And.Ypsilon rappen.

Genau genommen handelt es sich dabei nicht um And.Ypsilons ersten Einsatz als MC. Schon als er noch mit Smudo alleine ist und das Projekt der beiden bloß Die Zwielichtigen Zwei heißt, haut er die Rhymes raus, wie auf der Kassette *Alter Scheiß* zu hören ist. Auf einem Fanta-4-Album hat sich der Beat-Zauberer bisher aber noch nicht als Rapper verewigt.

Schon vor seiner Session ist klar, dass And.Ypsilon seinen Part wohl nicht einfach aus dem Ärmel schütteln wird, denn im Gegensatz zu seinen Kollegen hat er keinerlei Übung. Tatsächlich stellt sich heraus: Die Aufnahmen mit ihm sind eine Menge harte Arbeit. Das weiß er auch selbst und äußert zum Beispiel: »Für mich brauchen wir alle Tricks«. Oder: »Nur noch zehn Versuche, dann hab ich's.« Bis sein Rap natürlich klingt, ist es ein weiter Weg. And.Ypsilon vergleicht sich aber auch mit einer Dampflok: schwer in Gang zu bekommen, aber nicht zu bremsen, wenn sie einmal fährt.

Damit hat er recht: Das Endergebnis gerät super – und die Fans freuen sich riesig, dass auch der Stille der Vier mal zu Wort kommt.

MICHI MACHT MODE

Bevor Michi den Karriereweg als Rapper einschlägt, hat er einen anderen Berufswunsch. Er möchte Modedesign studieren und bewirbt sich mit seinen Entwürfen sogar an der Modeschule in Reutlingen. Leider wird daraus nichts. Sein nächster Schritt ist ein Job im Modehandel, doch im Geschäft rumzustehen ist nicht sein Ding. Um erstmal seine Eltern glücklich zu machen, absolviert er eine Lehre als Groß-

und Außenhandelskaufmann. Die zieht er auch durch, hat dabei aber keinesfalls Spaß. Anschließend geht er den Weg mit den Fantas – und genau das ermöglicht ihm später, sich den Traum vom Modedesign doch noch zu erfüllen.

Intern ist bei den Fantastischen Vier sowieso klar: Michi ist unser Stylist. »Weil die anderen drei sich null Komma null für Fashion interessieren«, erzählt der Rapper in einem Interview. Er kleidet die Band ein und die anderen finden das ziemlich cool. Erstmal denkt er sich nichts weiter dabei. Doch als er anfängt, mit seiner Frau Uli als DJ-Duo aufzulegen, ändern sich ein paar Dinge. Zum einen merken die beiden, dass sie super zusammenarbeiten können, was in einer Beziehung nicht immer selbstverständlich ist. Zum anderen treten sie unter dem Namen Beck to Beck auf, weil sie die Songs auf den Turntables abwechselnd aussuchen – und dieser Name soll wenig später auch in der Modewelt erklingen.

Die Initialzündung ist ein Auftritt von Michi bei *The Voice*. So trägt er während der Sendung einen Hoodie aus der Kollektion eines befreundeten Modevertrieblers. »Kings« steht auf dem Pullover. Nach fünf Jahren Jury-Arbeit und zwei Siegen habe Beck den Aufdruck für passend gehalten und den Pulli deshalb in der sogenannten Battle-Runde angezogen. Nach der Ausstrahlung wird das Kleidungsstück zigfach bestellt. Das bringt die ebenfalls modeinteressierte Uli auf eine Idee.

Warum er denn nicht sein eigenes Modelabel eröffne, möchte sie von Michi wissen. Er könne ja sehen, dass die Leute interessiere, was er anziehe. Michi ist ein bisschen skeptisch und muss überredet werden. Doch wenig später rufen er und Uli das Modelabel Beck to Beck ins Leben und können sich einem zweiten gemeinsamen Hobby widmen. »Uli und ich wollten etwas zusammen kreieren, was über das normale Paarsein hinausgeht«, erzählt Beck. Das sei nach 18 Jahren

Beziehung wichtig. Wenig später veröffentlichen die beiden ihre erste Kollektion »Blinded«. Der Name ist an *The Voice* angelehnt und bezieht sich auf einen Teil der Sendung, in dem die Coaches die Teilnehmenden nur hören, aber nicht sehen.

Die Zielgruppe der Beck-Klamottenschmiede: Ältere, die gerne Streetwear tragen, sich dazu aber nicht bei Teen- oder Twen-Marken bedienen wollen. Es gebe genug Daddys und Mamas, die Wert auf einen guten Look lägen, erklärt Michi. Hoodies und Sweatshirts sind längst salonfähig, also möchte er sie mit seiner Frau in einer überdurchschnittlichen Qualität anbieten, ausschließlich in Europa produziert. »Sophisticated Streetwear«, sozusagen. Man denke, »Hoodie ist Hoodie«, erklärt Michis Frau Uli. Doch das sei nicht so. In dem einen fühle man sich zu eingeschnürt, in dem anderen zu dick. Das Ziel von Beck to Beck sei es, genau zwischen »lümmelig und eng« zu landen.

Die Arbeit in der Modewelt bereitet den Becks Spaß. Sie beschäftigen sich mit Themen wie Nachhaltigkeit und fliegen in die Türkei, um sich anzusehen, wo die Kleidung für ihr Label entsteht. Es gehe dabei nicht um die Belieferung großer Kaufhäuser, sondern um kleinere Läden und den Onlinehandel, und um ambitionierte Entwürfe mit befreundeten Künstlern. Doch mit der Zeit merken die Ehepartner: Wer ein professionelles Modelabel betreiben möchte, das sich auch rentiert, muss viel Zeit investieren – mehr Zeit als die Becks haben. Also legen sie ihr Label wieder auf Eis. Der letzte Post auf dem offiziellen Instagram-Account des Modelabels ist datiert auf den 26. November 2021. Danach ist Schluss.

Doch immerhin: Eine Zeit lang ist es gut gegangen mit Beck to Beck. Laut Michi hat das Ganze kein Vermögen gekostet, aber auch kein Vermögen eingespielt. Dann lieber »in

Schönheit sterben«, wie der Rapper sagt. Es gibt ja auch wirklich genug andere Baustellen.

LUCA

Anfang 2020. Die Fantastischen Vier bereiten sich gerade auf ihre nächste große Tournee vor. 200 000 Tickets sind verkauft; die Vorfreude ist groß. Doch dann kommt alles anders. Die Coronapandemie bricht aus und die Band sitzt, wie so viele Musiker, auf dem Trockenen. Gibt es da nicht eine Lösung? Zumindest auf eine Idee stoßen die Fantas – und helfen dabei, sie umzusetzen.

Als Erster erfährt Smudo von der Luca-App. Ein Kumpel habe ihm von einem Kumpel erzählt, der einen Kumpel habe, der da an etwas arbeite. Es sei eine Software, mit der man vielleicht schon bald wieder Konzerte geben könne. Klar, dass Smudo da hellhörig wird.

Wenig später lernt er Patrick kennen, einen der beiden Geschäftsführer der neXenio GmbH. Das Unternehmen arbeitet gerade an einer App zur Infektionsnachverfolgung. Aber warum eigentlich? Um das zu klären, müssen wir uns an das dunkle Zeitalter erinnern, in dem es noch keine Computer gab. Als man Buchstaben noch per Bleistift auf einen flächigen Werkstoff aus pflanzlichen Fasern auftrug: Papier. Was nun kommt, klingt nämlich wie eine Geschichte aus dem letzten Jahrtausend.

Als die Coronapandemie um sich greift, findet die Infektionsverfolgung ausschließlich in analoger Form statt, quasi in Form einer Zettelwirtschaft. Das bedeutet eine Menge

Aufwand und der hat Folgen: Sobald einem Gesundheitsamt 30 Indexfälle gemeldet werden, also Fälle von infizierten und namentlich bekannten Menschen, ist die Behörde ausgelastet und kommt mit der Nachverfolgung kaum noch hinterher. Wenn man sich noch einmal die Infektionszahlen der ersten Monate ins Gedächtnis ruft, wird schnell klar: Das kann nicht funktionieren.

Das wissen auch Smudo und die Fantastischen Vier und unterstützen die neXenio GmbH bei der Umsetzung ihrer Luca-App. Zum einen aus Eigennutz, weil auch sie zu den betroffenen Musikern gehören, denen eine digitalisierte Infektionsnachverfolgung in die Karten spielen könnte. Zum anderen aus gesamtgesellschaftlichen Gründen, denn schließlich hätten laut Smudo alle ein Interesse an einer Chance auf kulturelles Leben, und sei sie noch so klein. Die Stuttgarter investieren in das Vorhaben und Smudo wird zu einem der öffentlichen Gesichter der Luca-App – mit Erfolg, zumindest teilweise.

Zuerst verkündet Mecklenburg-Vorpommern, dass man dort auf die Luca-App setzen wolle; andere Bundesländer ziehen nach. Doch die Luca-Implementierung geht nicht ohne Gegenwind über die Bühne. Die Software muss viel Kritik einstecken, vor allem aus der Ecke der Datenschützer. Das Programm sei zu unausgereift und unsicher, um gelauncht zu werden. Es ist eine Debatte, die Smudo keinen großen Spaß macht. Doch er stellt sich und kann Erfolge für die App einfahren.

Ob es Smudo und den Fantas bei der Investition auch um Geld ging? Auch, aber nicht an erster Stelle. Zuerst habe der Fokus einzig und allein darauf gelegen, dass alles funktioniere. Kein Minus zu machen – das sei schon ein Erfolg gewesen.

In welche Richtung die Luca-App heute steuert, wo die Coronapandemie kein gesamtgesellschaftliches Drama mehr zu sein scheint, ist noch ungewiss. Das Programm soll aber wohl ein Tool für den Gastronomiebereich bleiben, zum Beispiel für den Bestellprozess oder das Geben von Trinkgeld. Lassen wir uns überraschen.

#LIKEABOSCH

Die Fantastischen Vier und Werbung, das war nicht immer die einfachste Mischung. Wir erinnern uns zum Beispiel an den missglückten »Die da mit dem Calcium«-Werbespot. Doch Jahrzehnte später hat sich das Verhältnis der Stuttgarter zum Marketing wieder entspannt. 2022 stellen sie sich für einen besonders kreativen Werbespot vor die Kamera, und zwar für ein feines, aber sicher nicht kleines Familienunternehmen aus ihrer baden-württembergischen Heimat: Bosch.

#LikeABosch heißt die Kampagne und man sieht sofort, wie viel Spaß die Fantas bei der Arbeit an der Werbung gehabt haben. So handelt es sich zwar um eine Promokooperation, doch die Handschrift der Hip-Hopper ist auch dann unverkennbar, wenn sie Bosch-Geschichte schreibt. Das hat nicht nur damit zu tun, dass sie ihren eigenen Regisseur mit zu den Dreharbeiten für den Spot bringen, sondern liegt vor allem daran, dass sie den Clip weitestgehend selbst gestalten.

Das Herzstück des Spots ist der kreative Songtext der Fantastischen Vier. So heißt es darin zum Beispiel »An die Hand / an die Wand«, während Bandmitglied And.Ypsilon beim Schwingen eines Akkuschraubers zu sehen ist. Ein Gag, der auf mehreren Ebenen zündet. Auch darüber hinaus strotzen die Lyrics nur so vor Wortwitz und Poesie. Am besten funktioniert das im Einklang mit dem korrespondierenden Video.

Die Dreharbeiten für den Clip gehen in Südafrika über die Bühne, und zwar für sechs Tage im März und April 2022. Dort entdecken die Fantas einen Nachtisch namens Sticky Toffee Pudding, der die Rapper derart begeistert, dass Bosch das Rezept für das Dessert in das Repertoire der Küchenmaschine »Cookit« aufnimmt. Auf dem Regiestuhl sitzt Lars Timmermann, der bereits den Clip für »Zusammen« verantwortet hatte.

Die Arbeit mit Bosch sei eine große Herausforderung für die Fantas gewesen, und zwar aus zwei Gründen, wie die Musiker im Rahmen einer Messeveranstaltung berichten. Zum einen habe es sich um die erste Kampagne gehandelt, bei der sie nicht nur den Text geschrieben, sondern ihn auch performt hätten. Zum anderen habe man berücksichtigen müssen, dass sehr viele Bosch-Abteilungen ihre Produkte im Werbespot hätten sehen wollen. Aber: Man lege bei Bosch viel Wert aufs Detail, wie Sound-Tüftler And.Ypsilon berichtet.

Eine heimatliche Verbindung haben die Fantas zu Bosch ohnehin. Schließlich sitzt das Unternehmen in Gerlingen, wo die Firma ein ähnliches Ansehen genieße wie Jesus, zumindest laut Smudo.

»Die da mit dem Calcium« ist heute zum Glück schon lange Geschichte. Vielleicht klopft Hohes C nach der starken Bosch-Leistung ja demnächst für eine Reunion bei den Fantastischen Vier an?

THE LIECHTENSTEIN TAPES

Als sich die Schwierigkeiten der Coronapandemie im Jahr 2022 endlich wieder legen, spielen die Fantas so häufig live wie lange nicht mehr. Anschließend kommt Manager Bär auf eine Idee. Die Jungs seien ja jetzt im Training und hätten ihre Songs nach den vielen Konzerten perfekt drauf. Ob sie nicht eine analoge Scheibe umsetzen wollen? So wie man es früher gemacht hat, als Bands noch zusammen ins Studio gegangen sind und ihre Alben ohne digitale Helferlein eingespielt haben. Der Gedanke gefällt den Fantas, auch wenn sie das Projekt zunächst als eine Art Hausaufgabe empfinden. Stellt sich nur noch die Frage, wo sie die besondere Platte aufnehmen möchten.

Zu den ersten Vorschlägen zählen die legendären Abbey Road Studios in London. Die Beatles, Pink Floyd, Oasis: Sie alle haben hier weltberühmte Veröffentlichungen aufgenommen. Doch die Fantastischen Vier entscheiden sich gegen die heiligen Hallen. Zum einen, weil es sich eben nicht um Hallen handelt, sondern um relativ kleine Räume. Zum anderen sei England zu teuer und zu weit weg. Man könne nicht mal eben etwas aus dem Fanta-Hauptquartier holen, falls noch ein Instrument fehle, erklärt Smudo. Auch die Sprachbarriere sei ein Problem, vor allem bei deutscher Sprechgesangsmusik. Man könne dann zum Beispiel nicht am Text veranschaulichen, was wo im Song passiere. Außerdem sei das Essen in England kacke, scherzt der Rapper.

Fündig werden die Fantastischen Vier in einem Land, das kaum mehr Einwohner hat als Buxtehude, nämlich knapp 40 000: Liechtenstein. Der Ort eignet sich perfekt für das Vorhaben der Hip-Hopper. Von hier aus könne man auch mal eben nach Stuttgart fahren, falls was fehle, berichtet Smudo. Darüber hinaus klänge so auch der Albumtitel cooler und mystischer: *The Liechtenstein Tapes*.

Die Musiker nisten sich im »Little Big Beat Studio« ein, wo sie zehn wundervolle Arbeitsurlaubstage genießen. Die

Gegend sei sehr gastfreundlich und man könne dort wunderbar essen, findet Smudo. Für die Aufnahmen suchen sie 15 Songs aus, die sie mit ihrer Band aufnehmen – live und direkt auf Tonband. Das sei schwierig gewesen, erzählt Thomas D, denn es handele sich nicht um ein richtiges Live-Album, weil es kein Publikum gebe, aber eben auch nicht um ein Studioalbum, da alles live stattgefunden habe. Das Schöne sei aber, dass man seine Songs im Alter etwas entspannter rappe, weil man niemandem mehr etwas beweisen müsse. Das sei wie beim Blues: Die Leute müssten erst älter werden, bevor sie richtig guten Blues machen könnten.

Die Versionen der Songs auf den *Liechtenstein Tapes* unterscheiden sich teils von den Originalen. Für die Musiker seien diese Varianten allerdings »normaler«, erklärt Smudo, denn die Band höre ihre eigenen Stücke sehr viel häufiger live als von Platte. Wer die Fantas noch nie live gesehen hat, weiß vielleicht gar nicht, dass in der Bühnenversion von »Ernten was wir säen« ein langes Gitarrensolo vorkommt, das ursprünglich aus einem Remix stammt.

Liechtenstein haben die Fantas mit der Aktion erobert. Doch sie haben noch einen weiteren Ort auf der Landkarte, an dem sie gerne ein paar Spuren hinterlassen möchten: Entenhausen.

ZU BESUCH IN ENTENHAUSEN

Comicfiguren sind die Fantastischen Vier schon lange – allerdings nicht unsere Lieblingsrapper, sondern die gleichnamigen Helden aus dem Marvel-Universum. 2022 bekommen endlich auch Smudo und Co. ihren Auftritt mit Sprechblasen: in einer Ausgabe des *Micky-Maus*-Magazins.

Die Geschichte dazu schreibt Smudo höchstpersönlich, und zwar gemeinsam mit seiner Tochter Amy. Die muss ihrem Papa erstmal auf die Sprünge helfen. Als die Anfrage der *Micky-Maus*-Redaktion hereinflattert, liegen Smudos eigene Entenhausener Zeiten bereits in der Vergangenheit. Amy hingegen begeistert sich brennend für die Geschichten um Donald Duck und Co. und bringt ihren Papa wieder auf den neuesten Stand. Anschließend legen die beiden mit ihrer eigenen Geschichte los. Die Fantas dürfen darin natürlich nicht fehlen.

Hier die Handlung der Story: Wer sich in Entenhausen auch nur ein bisschen auskennt, weiß, dass Dagobert Duck im Geld schwimmt – nicht nur im übertragenen Sinne, sondern auch gerne im buchstäblichen. Eine Sache hat er auf seinem Weg zum Reichtum noch nicht ausprobiert: Musikmanagement. Er beschließt, die Fantastischen Vier unter seine Fittiche zu nehmen, doch schon zu Beginn kommt es zu Unstimmigkeiten. Mindestens genauso legendär wie Dagoberts Reichtum ist nämlich sein Geiz. Statt ein ordentliches und angemessenes Marketingbudget in die Fantas zu investieren, spart er an allen Enden. Er bucht die Gruppe für ein Konzert in eine Bruchbude, investiert keinen Kreuzer (Entenhausener Währung) in Werbung und lockt somit auch keine Besucher zu der Show. Die Popstars sind enttäuscht, schließlich haben sie Ambitionen und möchten in Entenhausen die Charts stürmen. Als Alternativplan wollen sie ein Musikvideo drehen, doch das ist Dagobert ebenfalls zu teuer. Erst als seine Neffen Tick, Trick und Track die Betreuung der Band übernehmen, läuft alles besser. Wäre da nicht Hexe Gundel Gaukeley, die es wie immer auf Dagoberts größten Glücksbringer abgesehen hat ...

Zusätzlich zur spannenden Handlung sind in der Geschichte alle möglichen Anspielungen auf die Fantastischen Vier zu finden. »Keine Sorge, die wollen keinen Tag am Meer«, beruhigen Tick, Trick und Track ihren Onkel Dagobert, als es um die Kosten für den geplanten Videodreh geht. Und statt »Wenig später ...« steht in den Regieanweisungen auch mal »Einige Beats pro Minute später«.

Das Comicdebüt der Fantastischen Vier ist also rundum gelungen. Zieht euch warm an, liebe Marvel-Helden!

FREUNDSCHAFT

Mindestens ein Ritual genießt in der Welt der Fantastischen Vier einen hohen Stellenwert: Jedes Mal, bevor die Hip-Hopper auf die Bühne gehen, halten sie sich eine Faust an die Schläfe und rufen laut: »Freundschaft!« Die Tradition ist ein Symbol des Zusammenhalts der Stuttgarter. Doch woher stammt die Idee für die kleine Zeremonie?

»Das ist eine Geste aus Monty Pythons *Das Leben des Brian*«, erklärt Smudo in einem Interview. Es handelt sich zwar nicht um eine Eins-zu-eins-Adaption, aber zumindest das Führen der Faust zur Stirn entleihen die Fantas der beliebten Komödie, in der sich auch die »Volksfront von Judäa« auf diese Weise begrüßt, quasi als geheimes Erkennungszeichen. »Freundschaft haben wir noch hinzugefügt«, erklärt And.Ypsilon.

Auf die Idee, überhaupt ein solches Ritual einzuführen, kommen Smudo und Thomas D, als sie eine Doku über Madonna schauen, in der die Pop-Queen vor einer Show ihr Team an die Hand nimmt und einige motivierende Worte spricht.

Das ist auch schon die ganze Geschichte hinter dem Fanta-Ritual. Und welche Tradition haben die Vier nach einer Show? Die Antwort hat Smudo parat: »Das total rapmäßige Champagnertrinken.« Na denn ... Prost!

FANTA 4 EVER

Seit inzwischen 30 Jahren fürchten die Fantastischen Vier, dass ihre Karriere bald vorbei sein könnte. Doch schon seit 35 Jahren bleiben Smudo und Co. ein troyer Bestandteil der deutschen Musikwelt. Planen die Hip-Hopper nun also doch einen Werdegang nach dem Vorbild der Rolling Stones? Nein. Genau genommen planen die Fantas gar nichts mehr.

Die Band sei sich einig, erklärt Michi Beck in einem Interview: Die Fantastischen Vier werden ihr eigenes Ende nicht ankündigen. Keine »letzte Platte«, keine »Abschiedstour«. Das sei nicht ihr Style. Die Gruppe werde merken, wann es nicht mehr funktioniere und wann es den Vieren im Kollektiv nicht mehr gefalle. Und er wisse auch gar nicht, ob er konsequent genug sei, sich an einen angekündigten Abschied zu halten. Das sieht Smudo genauso: »Nee, da können wir uns gar nicht festlegen«, pflichtet er Beck bei.

Beim Produzieren sei der Gedanke an den Abschied manchmal sogar riskant, erklären die beiden Rapper. Man sei bei neuen Alben zum Beispiel versucht, zu früh aufzugeben, wenn es nicht sofort klappe. Schon seit *Lauschgift* haben die Fantas häufiger das Problem, dass sie für ihre Platten ein wenig Anlauf benötigen. Mit dem Gedanken ans Karriereende kann man dabei natürlich auch stolpern, wenn die guten Ideen zunächst ausbleiben.

Zum Glück ist ein Abschied der Fantastischen Vier noch lange nicht in Sicht. Im Gegenteil: Im Oktober 2024 bringen die Stuttgarter ihr elftes Album *Long Player* raus und untermauern damit einmal mehr ihren Status als eine der dienstältesten Hip-Hop-Bands der Welt.

Was in diesem Zusammenhang durchaus im Raum steht, ist die Frage, wie lange man überhaupt Hip-Hopper sein kann. Schließlich handelt es sich um eine größtenteils jugendliche Szene, die in weiten Teilen der Welt den kulturellen Ton angibt. Rapper Samy Deluxe hat darauf eine eindeutige Antwort: »Die Fantastischen Vier sind die ersten, die uns vormachen, wie lange man das machen kann«, stellt er in der Dokumentation *Wer 4 sind* fest. Auch Smudo erklärt in einem Interview, dass es an ihnen sei, das Bild alternder Hip-Hopper in Deutschland zu zeichnen. »Und hoffentlich gefällt mir das, was wir da zeichnen.« Davon sind wir überzeugt.

Außerdem haben die Fantas noch einiges vor. So ist es ihnen Stand 2023 zum Beispiel noch nicht gelungen, ein Konzeptalbum mit aufeinander aufbauenden Songs zu schreiben, obwohl es bereits mehrere Versuche gegeben hat. Außerdem möchte die Band noch im »Marihuana-Graben« auftreten, wie Smudo in einem Interview witzelt. Nein, im Ernst: Ein Auftritt im legendären Apollo Theater im New Yorker Stadtteil Harlem, das wäre noch was. Warum nicht? Wenn uns die Geschichte der Fantastischen Vier eins lehrt, dann, dass nichts unmöglich ist. Also: Auf die nächsten 35 Jahre!

QUELLEN

Vorwort

Website: Musikwirtschaft: »Die Fantastischen Vier«;
https://www.musikwirtschaft.de/projekte/diefantastischenvier/;
abgerufen am 29.12.2023.

Einführung

Podcast: »SPRICH:STUTTGART, Folge 66: Michi Beck ist zu Gast
bei SPRICH:STUTTGART«; https://open.spotify.com/episode/
0U8q1uVql9WK9ZwYIs7EMY?si=417f7f49f0404741; abgerufen am
29.12.2023.

Podcast: »NBE – Die Nilz Bokelberg Erfahrung: Smudo & Nilz«;
https://open.spotify.com/episode/0OoO6sg0qHvujLpTRzP9rk?si
=661df7d29c364c14; abgerufen am 29.12.2023.

Podcast: »NBE – Die Nilz Bokelberg Erfahrung: Thomas D & Nilz«;
https://open.spotify.com/episode/6g9ABdbYDujefoMBCqOr8l?
si=b25bc6ba03124a48; abgerufen am 29.12.2023.

Technik-Team

Podcast: »NBE – Die Nilz Bokelberg Erfahrung: Smudo & Nilz«;
https://open.spotify.com/episode/0OoO6sg0qHvujLpTRzP9rk?si
=661df7d29c364c14; abgerufen am 29.12.2023.

Podcast: »Brotkastenfreunde 004: Interview mit And.Ypsilon und
Smudo«; https://open.spotify.com/episode/5ONG8Hpw6DIU
o962M7bljH?si=e5f0277f1cdc4341; abgerufen am 30.12.2023.

Niemczyk, Ralf: *Die Fantastischen Vier: Die letzte Besatzermusik. Die
Autobiographie, aufgeschrieben von Ralf Niemczyk*, Köln 1999.

Bronx-Box

Podcast: »Brotkastenfreunde 004: Interview mit And.Ypsilon und
Smudo«; https://open.spotify.com/episode/5ONG8Hpw6DIU
o962M7bljH?si=e5f0277f1cdc4341; abgerufen am 30.12.2023.

Niemczyk, Ralf: *Die Fantastischen Vier: Die letzte Besatzermusik. Die
Autobiographie, aufgeschrieben von Ralf Niemczyk*, Köln 1999.

Müller, Andrea: *Die Fantastischen Vier: Die Megastars des deutschen
Rap*, Düsseldorf 1996.

Website: StadtPalais – Museum für Stuttgart: »TROY – 30 Jahre Die Fantastischen Vier«; https://www.stadtpalais-stuttgart.de/ ausstellungen/30-jahre-die-fantastischen-vier; abgerufen am 30.12.2023.

Price Of Peril

Podcast: »Brotkastenfreunde 004: Interview mit And.Ypsilon und Smudo«; https://open.spotify.com/episode/5ONG8Hpw6DIU 0962M7bljH?si=e5f0277f1cdc4341; abgerufen am 30.12.2023.

Wikipedia-Seite: »The Prize Of Peril«; https://en.wikipedia.org/wiki/ The_Prize_of_Peril; abgerufen am 30.12.2023.

Zeitschriftenartikel: »Von der Meute gehetzt«, in: *Input 64*, Ausgabe 4/88, S. 4 ff. Online verfügbar unter https://www.pagetable.com/ docs/input64/input64-8804.pdf; abgerufen am 30.12.2023.

Podcast: »NBE – Die Nilz Bokelberg Erfahrung: Thomas D & Nilz«; https://open.spotify.com/episode/6g9ABdbYDujefoMBCqOr8l? si=dfe8f51eaa3f454f; abgerufen am 29.12.2023.

Youtube-Video: »Price Of Peril - Let's Text / Walkthrough {GERMAN}«; https://www.youtube.com/watch?v=L67P-SdUmrA; abgerufen am 30.12.2023.

EM '88

Podcast: »Brotkastenfreunde 004: Interview mit And.Ypsilon und Smudo«; https://open.spotify.com/episode/5ONG8Hpw6DIU 0962M7bljH?si=e5f0277f1cdc4341; abgerufen am 30.12.2023.

Zeitschriftenartikel: »Der Ball ist rund«, in: *Input 64*, Ausgabe 6/88, S. 4 ff. Online verfügbar unter https://www.pagetable.com/docs/ input64/input64-8806.pdf; abgerufen am 30.12.2023.

Wikipedia-Seite: »Fußball-Europameisterschaft 1988«; https://de.wikipedia.org/wiki/Fu%C3%9Fball-Europameister schaft_1988; abgerufen am 30.12.2023.

Forschungsreise

Podcast: »NBE – Die Nilz Bokelberg Erfahrung: Thomas D & Nilz«; https://open.spotify.com/episode/6g9ABdbYDujefoMBC qOr8l?si=dfe8f51eaa3f454f; abgerufen am 29.12.2023.

Niemczyk, Ralf: *Die Fantastischen Vier: Die letzte Besatzermusik. Die Autobiographie, aufgeschrieben von Ralf Niemczyk*, Köln 1999.

Podcast: »NBE – Die Nilz Bokelberg Erfahrung: Smudo & Nilz«; https://open.spotify.com/episode/0OoO6sg0qHvujLpTRzP9rk?si=661df7d29c364c14; abgerufen am 29.12.2023.

Podcast: »Talk mit Thees: Smudo«; https://open.spotify.com/episode/3UsUZIpEs3ijm9eaIG2F9H?si=c5607ae1a50848f5; abgerufen am 30.12.2023.

Podcast: »Europa Radio VIP Talk, MfG: Michi Beck von Die Fantastischen Vier«; https://open.spotify.com/episode/6QeGkLzaluyjJWiwCqTvAb?si=a27e69dee1d84565; abgerufen am 30.12.2023.

Podcast: »Greator – Inspiration, Motivation & Erfolg, #1048: Persönliches WACHSTUM durch Musik // Thomas D von den Fanta 4«; https://open.spotify.com/episode/1wNpnZxwlQXjXlbya10bwJ?si=eAtLmoJiTjiPaIMgw-aM7Q; abgerufen am 30.12.2023.

Der D von der Tankstelle

Podcast: »NBE – Die Nilz Bokelberg Erfahrung: Thomas D & Nilz«; https://open.spotify.com/episode/6g9ABdbYDujefoMBC-qOr8l?si=dfe8f51eaa3f454f; abgerufen am 29.12.2023.

Zimmermann, Dieter (Regie): *Was geht – Die Fantastischen Vier*, CP Medien, Filmareal, Warner Bros., Deutschland 2001.

Niemczyk, Ralf: *Die Fantastischen Vier: Die letzte Besatzermusik. Die Autobiographie, aufgeschrieben von Ralf Niemczyk*, Köln 1999.

Müller, Andrea: *Die Fantastischen Vier: Die Megastars des deutschen Rap*, Düsseldorf 1996.

Wikipedia-Seite: »Ditzingen«; https://de.wikipedia.org/wiki/Ditzingen; abgerufen am 30.12.2023.

Wikipedia-Seite: »Schloss Ditzingen«; https://de.wikipedia.org/wiki/Schloss_Ditzingen; abgerufen am 30.12.2023.

Wikipedia-Seite: »Dreigiebelhaus (Ditzingen)«; https://de.wikipedia.org/wiki/Dreigiebelhaus_(Ditzingen); abgerufen am 30.12.2023.

Website: Aral: »Ditzingen, Siemensstraße«; https://tankstelle.aral.de/ditzingen/siemensstrasse-21/15051300; abgerufen am 30.12.2023.

Premiere auf Paletten

Website: BILD: »Vor Konzerten musste er sich immer übergeben«; https://www.bild.de/unterhaltung/musik/die-fantastischen-vier/darum-kotzte-smudo-jahrelang-vor-jedem-konzert-38235360.bild.html; abgerufen am 23.01.2024.

Podcast: »Europa Radio VIP Talk, MfG: Michi Beck von Die Fantastischen Vier«; https://open.spotify.com/episode/6QeGkLzaluyj JWiwCqTvAb?si=a27e69dee1d84565; abgerufen am 30.12.2023.

Niemczyk, Ralf: *Die Fantastischen Vier: Die letzte Besatzermusik. Die Autobiographie, aufgeschrieben von Ralf Niemczyk*, Köln 1999.

Youtube-Video: »Die Fantastischen Vier - Feat. (VIVA Doku 2004)«; https://www.youtube.com/watch?v=vVIuRBxcMug; abgerufen am 30.12.2023.

Zimmermann, Dieter (Regie): *Was geht – Die Fantastischen Vier*, CP Medien, Filmareal, Warner Bros., Deutschland 2001.

Schwendemann, Thomas (Regie): *Wer 4 sind – Die Fantastischen Vier*, Kick Film, NFP, Deutschland 2019.

Jetzt geht's ab

Niemczyk, Ralf: *Die Fantastischen Vier: Die letzte Besatzermusik. Die Autobiographie, aufgeschrieben von Ralf Niemczyk*, Köln 1999.

Zimmermann, Dieter (Regie): *Was geht – Die Fantastischen Vier*, CP Medien, Filmareal, Warner Bros., Deutschland 2001.

Podcast: »Greator – Inspiration, Motivation & Erfolg, #1048: Persönliches WACHSTUM durch Musik // Thomas D von den Fanta 4«; https://open.spotify.com/episode/1wNpnZxwlQXjXlbya1obwJ? si=eAtLmoJiTjiPaIMgw-aM7Q; abgerufen am 30.12.2023.

Müller, Andrea: *Die Fantastischen Vier: Die Megastars des deutschen Rap*, Düsseldorf 1996.

Podcast: »Songpoeten: Episode 7 – Michi Beck«; https://open.spotify.com/episode/7l5NOXot2IMflI3CGQUano?si=9e894b768993495c; abgerufen am 30.12.2023.

Podcast: »NBE – Die Nilz Bokelberg Erfahrung: Thomas D & Nilz«; https://open.spotify.com/episode/6g9ABdbYDujefoMBCqOr8l? si=dfe8f51eaa3f454f; abgerufen am 29.12.2023.

Golf GTI

Wikipedia-Seite: »Manta, Manta«; https://de.wikipedia.org/wiki/ Manta,_Manta; abgerufen am 1.1.2024.

Timm, Peter (Regie): *Manta – Der Film*, Royal Film, Viacom, Deutschland 1991.

Wikipedia-Seite: »Manta – Der Film«; https://de.wikipedia.org/wiki/ Manta_%E2%80%93_Der_Film; abgerufen am 1.1.2024.

Müller, Andrea: *Die Fantastischen Vier: Die Megastars des deutschen Rap*, Düsseldorf 1996.

Frohes Fest

Niemczyk, Ralf: *Die Fantastischen Vier: Die letzte Besatzermusik. Die Autobiographie, aufgeschrieben von Ralf Niemczyk*, Köln 1999.

Zeitungsartikel: »Was bedeutet es, wenn Werke auf dem Index stehen?«, in: *Hamburger Abendblatt online*; https://www.abendblatt. de/ratgeber/wissen/article118160365/Was-bedeutet-es-wenn-Werke-auf-dem-Index-stehen.html; abgerufen am 1.1.2024.

PDF-Dokument: »Bundesprüfstelle für jugendgefährdende Schriften: Protokoll 178/93«; https://www.pornoanwalt.de/wp-content/up loads/2010/12/bpjs-fanta4-frohes-fest.pdf; abgerufen am 1.1.2024.

Website: Bundesprüfstelle für jugendgefährdende Medien: »Bekannt-machung Nr. 10/2018«; https://www.bundesanzeiger.de/pub/pu-blication/EEbTx9eNNtGqVVMvC8O?0; abgerufen am 1.1.2024.

4 gewinnt

Schwendemann, Thomas (Regie): *Wer 4 sind – Die Fantastischen Vier –*, Kick Film, NFP, Deutschland 2019.

Niemczyk, Ralf: *Die Fantastischen Vier: Die letzte Besatzermusik. Die Autobiographie, aufgeschrieben von Ralf Niemczyk*, Köln 1999.

Müller, Andrea: *Die Fantastischen Vier: Die Megastars des deutschen Rap*, Düsseldorf 1996.

Die da

Schwendemann, Thomas (Regie): *Wer 4 sind – Die Fantastischen Vier*, Kick Film, NFP, Deutschland 2019.

Niemczyk, Ralf: *Die Fantastischen Vier: Die letzte Besatzermusik. Die Autobiographie, aufgeschrieben von Ralf Niemczyk*, Köln 1999.

Müller, Andrea: *Die Fantastischen Vier: Die Megastars des deutschen Rap*, Düsseldorf 1996.

Podcast: »Talk mit Thees: Smudo«; https://open.spotify.com/episode/ 3UsUZIpEs3ijm9eaIG2F9H?si=c5607ae1a50848f5; abgerufen am 30.12.2023.

Podcast: »Songpoeten: Episode 7 – Michi Beck«; https://open.spotify. com/episode/7l5NOXot2IMflI3CGQUano?si=9e894b768993495c; abgerufen am 30.12.2023.

Podcast: »Greator – Inspiration, Motivation & Erfolg, #1048: Persön-liches WACHSTUM durch Musik // Thomas D von den Fanta 4«;

https://open.spotify.com/episode/1wNpnZxwlQXjXlbya1obwJ?
si=eAtLmoJiTjiPaIMgw-aM7Q; abgerufen am 30.12.2023.

Website: Offizielle Deutsche Charts: »Die Fantastischen Vier – Die
Da«; https://www.offiziellecharts.de/titel-details-2537; abgerufen
am 1.1.2024.

Podcast: »NBE – Die Nilz Bokelberg Erfahrung: Thomas D & Nilz«;
https://open.spotify.com/episode/6g9ABdbYDujefoMBCqOr8l?
si=dfe8f51eaa3f454f; abgerufen am 29.12.2023.

Hohes C

Podcast: »NBE – Die Nilz Bokelberg Erfahrung: Thomas D & Nilz«;
https://open.spotify.com/episode/6g9ABdbYDujefoMBCqOr8l?
si=dfe8f51eaa3f454f; abgerufen am 29.12.2023.

Niemczyk, Ralf: *Die Fantastischen Vier: Die letzte Besatzermusik. Die
Autobiographie, aufgeschrieben von Ralf Niemczyk*, Köln 1999.

Müller, Andrea: *Die Fantastischen Vier: Die Megastars des deutschen
Rap*, Düsseldorf 1996.

Youtube-Video: »Hohes C Werbung Die da 1993«; https://www.you
tube.com/watch?v=zWAvXIJFma4; abgerufen am 1.1.2024.

Podcast: »Songpoeten: Episode 7 – Michi Beck«; https://open.spotify.
com/episode/7l5NOXot2IMflI3CGQUano?si=9e894b768993495c;
abgerufen am 30.12.2023.

Schwimmbad-Club Heidelberg

Schwendemann, Thomas (Regie): *Wer 4 sind – Die Fantastischen
Vier*, Kick Film, NFP, Deutschland 2019.

Podcast: »NBE – Die Nilz Bokelberg Erfahrung: Thomas D & Nilz«;
https://open.spotify.com/episode/6g9ABdbYDujefoMBCqOr8l?
si=b25bc6ba03124a48; abgerufen am 29.12.2023.

Zeitschriftenartikel: »Als der Hip-Hop Deutsch lernte – Durchbruch
im Schwimmbad-Club«, in: *Spiegel online;* https://www.spiegel.
de/geschichte/als-der-hiphop-deutsch-lernte-a-949653.html; abgerufen am 1.1.2024.

Niemczyk, Ralf: *Die Fantastischen Vier: Die letzte Besatzermusik. Die
Autobiographie, aufgeschrieben von Ralf Niemczyk*, Köln 1999.

Podcast: »SPRICH:STUTTGART, Folge 66: Michi Beck ist zu Gast
bei SPRICH:STUTTGART«; https://open.spotify.com/episode/
0U8q1uVql9WK9ZwYIs7EMY?si=417f7f49f0404741; abgerufen am
29.12.2023.

Regen in Hollywood

Müller, Andrea: *Die Fantastischen Vier: Die Megastars des deutschen Rap*, Düsseldorf 1996.

Niemczyk, Ralf: *Die Fantastischen Vier: Die letzte Besatzermusik. Die Autobiographie, aufgeschrieben von Ralf Niemczyk*, Köln 1999.

Podcast: »Songpoeten: Episode 7 – Michi Beck«; https://open.spotify.com/episode/7l5NOXot2IMflI3CGQUano?si=9e894b768993495c; abgerufen am 30.12.2023.

Youtube-Video: »Google Play präsentiert: Die Fantastischen Vier«; https://www.youtube.com/watch?v=Ev5IN-WkUXM; abgerufen am 1.1.2024.

Podcast: »NBE – Die Nilz Bokelberg Erfahrung: Thomas D & Nilz«; https://open.spotify.com/episode/6g9ABdbYDujefoMBCqOr8l?si=b25bc6ba03124a48; abgerufen am 29.12.2023.

Zeitschriftenartikel: »Die Fantastischen Vier – Was wir in Hollywood erlebten«, in: *Bravo*, Nr. 6, 4. Februar 1993, S. 26 f.

Gottschalk

Niemczyk, Ralf: *Die Fantastischen Vier: Die letzte Besatzermusik. Die Autobiographie, aufgeschrieben von Ralf Niemczyk*, Köln 1999.

Wikipedia-Seite: »Thomas Gottschalk«; https://de.wikipedia.org/wiki/Thomas_Gottschalk; abgerufen am 1.1.2024.

Youtube-Video: »GLS-United – Rapper's Deutsch – 1. deutscher Rap-Song 1980«; https://www.youtube.com/watch?v=6pQ5Xqv6bQk; abgerufen am 1.1.2024.

Website: UDiscover: »›Rappers Deutsch‹ von GLS United: Als Thomas Gottschalk und seine Crew den ersten Deutschrap-Song aufnahmen«; https://www.udiscover-music.de/popkultur/gls-united-rappers-deutsch; abgerufen am 1.1.2024.

Youtube-Video: »Die Fantastischen Vier - Einfach Sein Live (Wetten Dass 2007)«; https://www.youtube.com/watch?v=GbwJeZlJQK0; abgerufen am 1.1.2024.

Boom Car

Müller, Andrea: *Die Fantastischen Vier: Die Megastars des deutschen Rap*, Düsseldorf 1996.

Die Fantastischen Vier: *Nur für Erwachsenen*, Sony Music, Columbia, Deutschland 2011.

Röcker, Katja und Brodd, Gabi: *Die Fantastischen Vier*, Wien 1993.

Niemczyk, Ralf: *Die Fantastischen Vier: Die letzte Besatzermusik. Die Autobiographie, aufgeschrieben von Ralf Niemczyk*, Köln 1999.

Youtube-Video: »Die Fantastischen Vier – Die Da!?! (Offizielles Musikvideo)«; https://www.youtube.com/watch?v=VUosAGDM8Sg; abgerufen am 1.1.2024.

Website: Motorcar Studio: »1964 Plymouth Valiant Convertible«; https://www.motorcarstudio.com/vehicles/906/1964-plymouth-valiant-convertible; abgerufen am 1.1.2024.

Fantas gegen Rechts

Zeitschriftenartikel: »Editorial« und »#Baseballschlägerjahre«, in: *Aus Politik und Zeitgeschichte: Rechte Gewalt in den 1990er Jahren*, Ausgabe 6/88, S. 3 ff. Online verfügbar unter https://www.bpb.de/shop/zeitschriften/apuz/rechte-gewalt-in-den-1990er-jahren-2022/#content-index; abgerufen am 1.1.2024.

Website: Mut gegen rechte Gewalt: »Was ist ›Mut gegen rechte Gewalt‹?«; https://www.mut-gegen-rechte-gewalt.de/ueber-uns; abgerufen am 1.1.2024.

Facebook-Post: »Laut gegen Nazis sind auch auf Vier & Jetzt Tour 2016/2017 mit dabei«; https://www.facebook.com/DieFantastischenVier/posts/laut-gegen-nazis-sind-auch-auf-vier-jetzt-tour-20162017-mit-dabei-schon-seit-200/10154110426795817/; abgerufen am 1.1.2024.

Youtube-Video: »Die Fantastischen Vier – Hört euch den hier an«; https://www.youtube.com/watch?v=F1tSoA2Vwds; abgerufen am 1.1.2024.

Podcast: »Laut gegen Nazis – der Podcast: Episode 74, ›Live on Tour mit SMUDO‹«; https://open.spotify.com/episode/6niHtEnuv kICGvhjqyOyXw?si=dc292a2e411f437f; abgerufen am 1.1.2024.

Zeitungsartikel: »Hasskommentar-Debatte – Smudo bringt Facebook-Sprecherin zum Stottern«, in: *Süddeutsche Zeitung online*; https://www.sueddeutsche.de/panorama/pressekonferenz-hass kommentar-debatte-smudo-bringt-facebook-sprecherin-zum-stottern-1.2848727; abgerufen am 1.1.2024.

Zeitschriftenartikel: »Pressekonferenz zur ›Counter Speech Tour‹: Smudo legt sich mit Facebook an«, in: *Rolling Stone online*; https://www.rollingstone.de/pressekonferenz-zur-counter-speechtour-smudo-legt-sich-mit-facebook-an-948143/; abgerufen am 1.1.2024.

Youtube-Video: »Smudo und Facebook: Streit auf offener Bühne um Hasskommentare | ZAPP | NDR«; https://www.youtube.com/watch?v=zSQwUHR6oDc; abgerufen am 1.1.2024.

LinkedIn-Post: Beitrag von Jörn Menge; https://www.linkedin.com/posts/j%C3%B6rn-menge-3838a793_smudo-und-facebook-streit-auf-offener-b%C3%BChne-activity-7107810977970065408-rGwg/; abgerufen am 1.1.2024.

Website: RedaktionsNetzwerk Deutschland: »Smudo: Faschismus und AfD, ›das gehört zusammen‹«; https://www.rnd.de/promis/smudo-faschismus-und-afd-das-gehort-zusammen-2RMFTTO3TVSQYXQWZJ6U52OXHY.html; abgerufen am 1.1.2024.

Website: Welt: »Faschismus und AfD? ›Das gehört zusammen‹, sagt Smudo«; https://www.welt.de/vermischtes/article199947788/Fantastische-Vier-Fuer-Smudo-gehoeren-Faschismus-und-AfD-zusammen.html; abgerufen am 2.1.2024.

Die 4. Dimension

Podcast: »NBE – Die Nilz Bokelberg Erfahrung: Thomas D & Nilz«; https://open.spotify.com/episode/6g9ABdbYDujefoMBCqOr8l?si=b25bc6ba03124a48; abgerufen am 29.12.2023.

Podcast: »Songpoeten: Episode 7 – Michi Beck«; https://open.spotify.com/episode/7l5NOXot2IMflI3CGQUano?si=9e894b768993495c; abgerufen am 30.12.2023.

Zeitschriftenartikel: »Die Fantastischen Vier – Das geile Video«, in: *Bravo*, Nr. 43, 21. Oktober 1993, S. 18 f.

Zeitschriftenartikel: »Metallica – grandiose Live-Show«, in: *Bravo*, Nr. 6, 4. Februar 1993, S. 15.

Zimmermann, Dieter (Regie): *Was geht – Die Fantastischen Vier*, CP Medien, Filmareal, Warner Bros., Deutschland 2001.

Niemczyk, Ralf: *Die Fantastischen Vier: Die letzte Besatzermusik. Die Autobiographie, aufgeschrieben von Ralf Niemczyk*, Köln 1999.

Müller, Andrea: *Die Fantastischen Vier: Die Megastars des deutschen Rap*, Düsseldorf 1996.

Sendestart

Podcast: »NBE – Die Nilz Bokelberg Erfahrung: Thomas D & Nilz«; https://open.spotify.com/episode/6g9ABdbYDujefoMBCqOr8l? si=b25bc6ba03124a48; abgerufen am 29.12.2023.

Website: Deutschlandfunk: »25 Jahre VIVA – Das langsame Ende eines Lebensgefühls«; https://www.deutschlandfunk.de/25-jahre-VIVA-das-langsame-ende-eines-lebensgefuehls-100.html; abgerufen am 2.1.2024.

Mediathek-Video: »Die VIVA-Story – zu geil für diese Welt!«; https://www.ardmediathek.de/serie/die-VIVA-story-zu-geil-fuer-diese-welt/staffel-1/Y3JpZDovL21kci5kZS9zZW5kZXJlaWhlbi9hcMRrdWx0dXItdmlhLXNob3J5LXN0YWZmZWxzZXJpcQ/1; abgerufen am 2.1.2024.

Podcast: »Songpoeten: Episode 7 – Michi Beck«; https://open.spotify.com/episode/7l5NOXot2IMflI3CGQUano?si=9e894b768993495c; abgerufen am 30.12.2023.

Tag am Meer

Podcast: »NBE – Die Nilz Bokelberg Erfahrung: Thomas D & Nilz«; https://open.spotify.com/episode/6g9ABdbYDujefoMBCqOr8l? si=b25bc6ba03124a48; abgerufen am 29.12.2023.

Podcast: »Songpoeten: Episode 7 – Michi Beck«; https://open.spotify.com/episode/7l5NOXot2IMflI3CGQUano?si=9e894b768993495c; abgerufen am 30.12.2023.

Podcast: »happy, holy & confident: Thomas D über einschneidende Lebensmomente, Spiritualität und Kreativität«; https://open.spotify.com/episode/25hw3wXRLNM2umFHNsFS3K?si=9a48b973e042499a; abgerufen am 2.1.2024.

Die Fantastischen Vier – Unplugged, Four Music, Columbia, Deutschland 2001.

Nur für Erwachsenen

Die Fantastischen Vier – Nur für Erwachsenen, Sony Music, Columbia, Deutschland 2011.

Podcast: »Songpoeten: Episode 7 – Michi Beck«; https://open.spotify.com/episode/7l5NOXot2IMflI3CGQUano?si=9e894b768993495c; abgerufen am 30.12.2023.

Niemczyk, Ralf: *Die Fantastischen Vier: Die letzte Besatzermusik. Die Autobiographie, aufgeschrieben von Ralf Niemczyk*, Köln 1999.

Müller, Andrea: *Die Fantastischen Vier: Die Megastars des deutschen Rap*, Düsseldorf 1996.

Megavier

Podcast: »Songpoeten: Episode 7 – Michi Beck«; https://open.spotify.com/episode/7l5NOXot2IMflI3CGQUano?si=9e894b768993495c; abgerufen am 30.12.2023.

Podcast: »NBE – Die Nilz Bokelberg Erfahrung: Thomas D & Nilz«; https://open.spotify.com/episode/6g9ABdbYDujefoMBCqOr8l?si=b25bc6ba03124a48; abgerufen am 29.12.2023.

Niemczyk, Ralf: *Die Fantastischen Vier: Die letzte Besatzermusik. Die Autobiographie, aufgeschrieben von Ralf Niemczyk*, Köln 1999.

Müller, Andrea: *Die Fantastischen Vier: Die Megastars des deutschen Rap*, Düsseldorf 1996.

Lauschgift

Schwendemann, Thomas (Regie): *Wer 4 sind – Die Fantastischen Vier*, Kick Film, NFP, Deutschland 2019.

Zimmermann, Dieter (Regie): *Was geht – Die Fantastischen Vier*, CP Medien, Filmareal, Warner Bros., Deutschland 2001.

Podcast: »NBE – Die Nilz Bokelberg Erfahrung: Thomas D & Nilz«; https://open.spotify.com/episode/6g9ABdbYDujefoMBC-qOr8l?si=b25bc6ba03124a48; abgerufen am 29.12.2023.

Podcast: »Songpoeten: Episode 7 – Michi Beck«; https://open.spotify.com/episode/7l5NOXot2IMflI3CGQUano?si=9e894b768993495c; abgerufen am 30.12.2023.

Niemczyk, Ralf: *Die Fantastischen Vier: Die letzte Besatzermusik. Die Autobiographie, aufgeschrieben von Ralf Niemczyk*, Köln 1999.

Podcast: »happy, holy & confident: Thomas D über einschneidende Lebensmomente, Spiritualität und Kreativität«; https://open.spotify.com/episode/25hw3wXRLNM2umFHNsFS3K?si=9a48b973e042499a; abgerufen am 2.1.2024.

Sie ist weg

Schwendemann, Thomas (Regie): *Wer 4 sind – Die Fantastischen Vier*, Kick Film, NFP, Deutschland 2019.

Zimmermann, Dieter (Regie): *Was geht – Die Fantastischen Vier*, CP Medien, Filmareal, Warner Bros., Deutschland 2001.

Podcast: »NBE – Die Nilz Bokelberg Erfahrung: Thomas D & Nilz«; https://open.spotify.com/episode/6g9ABdbYDujefoMBCqOr8l?si=b25bc6ba03124a48; abgerufen am 29.12.2023.

Podcast: »Songpoeten: Episode 7 – Michi Beck«; https://open.spotify.com/episode/7l5NOXot2IMflI3CGQUano?si=9e894b768993495c; abgerufen am 30.12.2023.

Niemczyk, Ralf: *Die Fantastischen Vier: Die letzte Besatzermusik. Die Autobiographie, aufgeschrieben von Ralf Niemczyk*, Köln 1999.

Müller, Andrea: *Die Fantastischen Vier: Die Megastars des deutschen Rap*, Düsseldorf 1996.

Four Music

Schwendemann, Thomas (Regie): *Wer 4 sind – Die Fantastischen Vier*, Kick Film, NFP, Deutschland 2019.

Podcast: »Songpoeten: Episode 7 – Michi Beck«; https://open.spotify.com/episode/7l5NOXot2IMflI3CGQUano?si=9e894b768993495c; abgerufen am 30.12.2023.

Niemczyk, Ralf: *Die Fantastischen Vier: Die letzte Besatzermusik. Die Autobiographie, aufgeschrieben von Ralf Niemczyk*, Köln 1999.

Website: Frizz Mag: »›Wir sind einfach neugierig‹: Die Fantastischen Vier feiern die ›Supersense Block Party‹; https://www.frizzmag.de/people/kultur/smudo_die_fanstastischen_vier_interview_supersense/; abgerufen am 1.1.2024.

Rückenwind

Schwendemann, Thomas (Regie): *Wer 4 sind – Die Fantastischen Vier*, Kick Film, NFP, Deutschland 2019.

Youtube-Video: »Die Fantastischen Vier - Feat. (VIVA Doku 2004)«; https://www.youtube.com/watch?v=vVIuRBxcMug; abgerufen am 30.12.2023.

Podcast: »Songpoeten: Episode 7 – Michi Beck«; https://open.spotify.com/episode/7l5NOXot2IMflI3CGQUano?si=9e894b768993495c; abgerufen am 30.12.2023.

Podcast: »Greator – Inspiration, Motivation & Erfolg, #1048: Persönliches WACHSTUM durch Musik // Thomas D von den Fanta 4«; https://open.spotify.com/episode/1wNpnZxwlQXjXlbya-1obwJ?si=eAtLmoJiTjiPaIMgw-aM7Q; abgerufen am 30.12.2023.

Podcast: »NBE – Die Nilz Bokelberg Erfahrung: Thomas D & Nilz«; https://open.spotify.com/episode/6g9ABdbYDujefoMBC-qOr8l?si=b25bc6ba03124a48; abgerufen am 29.12.2023.

Niemczyk, Ralf: *Die Fantastischen Vier: Die letzte Besatzermusik. Die Autobiographie, aufgeschrieben von Ralf Niemczyk*, Köln 1999.

Zimmermann, Dieter (Regie): *Was geht – Die Fantastischen Vier*, CP Medien, Filmareal, Warner Bros., Deutschland 2001.

M.A.R.S.

Schwendemann, Thomas (Regie): *Wer 4 sind – Die Fantastischen Vier*, Kick Film, NFP, Deutschland 2019.

Podcast: »Songpoeten: Episode 7 – Michi Beck«; https://open.spotify.com/episode/7l5NOXot2IMflI3CGQUano?si=9e894b768993495c; abgerufen am 30.12.2023.

Website: thomasd.net: »M.A.R.S. – Moderne Anstalt rigoroser Spakker«; https://thomasd.net/m-a-r-s-moderne-anstalt-rigoroser-spakker/; abgerufen am 2.1.2024.

Podcast: »Greator – Inspiration, Motivation & Erfolg, #1048: Persönliches WACHSTUM durch Musik // Thomas D von den Fanta 4«; https://open.spotify.com/episode/1wNpnZxwlQXjXlbya-1obwJ?si=eAtLmoJiTjiPaIMgw-aM7Q; abgerufen am 30.12.2023.

Podcast: »NBE – Die Nilz Bokelberg Erfahrung: Thomas D & Nilz«; https://open.spotify.com/episode/6g9ABdbYDujefoMBC-qOr8l?si=b25bc6ba03124a48; abgerufen am 29.12.2023.

Niemczyk, Ralf: *Die Fantastischen Vier: Die letzte Besatzermusik. Die Autobiographie, aufgeschrieben von Ralf Niemczyk*, Köln 1999.

Zimmermann, Dieter (Regie): *Was geht – Die Fantastischen Vier*, CP Medien, Filmareal, Warner Bros., Deutschland 2001.

Website: Planet Interview: »Thomas D – Wir stellen gerne alles in Frage«; https://www.planet-interview.de/interviews/thomas-d/34367/; abgerufen am 2.1.2024.

Website: thomasd.net: »Aktionen & Projekte – M.A.R.S. - Moderne
Anstalt rigoroser Spakker«; https://www.planet-interview.de/
interviews/thomas-d/34367/; abgerufen am 2.1.2024.

Smudo gibt Gas

Schwendemann, Thomas (Regie): *Wer 4 sind – Die Fantastischen
Vier*, Kick Film, NFP, Deutschland 2019.

Müller, Andrea: *Die Fantastischen Vier: Die Megastars des deutschen
Rap*, Düsseldorf 1996.

Podcast: »NBE – Die Nilz Bokelberg Erfahrung: Smudo & Nilz«;
https://open.spotify.com/episode/0OoO6sg0qHvujLpTRzP9rk?si
=661df7d29c364c14; abgerufen am 29.12.2023.

Website: Four Motors: »Smudo – Four Motors Rennfahrer
und Frontmann der Band ›Die Fantastischen Vier‹«;
https://www.fourmotors.com/rennstall/macher/smudo/;
abgerufen am 1.1.2024.

Podcast: »Brotkastenfreunde 004: Interview mit And.Ypsilon und
Smudo«; https://open.spotify.com/episode/5ONG8Hpw6DIUo9
62M7bljH?si=e5f0277f1cdc4341; abgerufen am 30.12.2023.

Zimmermann, Dieter (Regie): *Was geht – Die Fantastischen Vier*,
CP Medien, Filmareal, Warner Bros., Deutschland 2001.

Smudo hebt ab

Schwendemann, Thomas (Regie): *Wer 4 sind – Die Fantastischen
Vier*, Kick Film, NFP, Deutschland 2019.

Podcast: »NBE – Die Nilz Bokelberg Erfahrung: Smudo & Nilz«;
https://open.spotify.com/episode/0OoO6sg0qHvujLpTRzP9rk?si
=661df7d29c364c14; abgerufen am 29.12.2023.

Podcast: »Kurzstrecke mit Pierre M. Krause: Smudo fliegt«; https://
open.spotify.com/episode/1PEgns01LQS6lH5iNyK31J?si=m25y
w3izQRmu6CrRkBIpAg; abgerufen am 2.1.2024.

Podcast: »fliegermagazin Podcast #32: Smudo von den Fantastischen
Vier (Fanta4) übers Fliegen, die Musik & mehr«; https://www.flie
germagazin.de/podcasts/smudo-von-den-fantastischen-popstar-
und-pilot/; abgerufen am 2.1.2024.

Podcast: »Talk mit Thees: Smudo«; https://open.spotify.com/episode/
3UsUZIpEs3ijm9eaIG2F9H?si=c5607ae1a50848f5; abgerufen am
30.12.2023.

Youtube-Video: »In Memoriam Looking Glass Flight Unlimited for Windows 95 / V034«; https://www.youtube.com/watch?v=HNDNgGVVV5M; abgerufen am 2.1.2024.

Turntablerocker

Schwendemann, Thomas (Regie): *Wer 4 sind – Die Fantastischen Vier*, Kick Film, NFP, Deutschland 2019.

Website: laut.de: »laut.de-Biographie: Turntablerocker«; https://www.laut.de/Turntablerocker; abgerufen am 1.1.2024.

Youtube-Video: »Michi Beck (Interview) 2011 | SWR1 Leute Night«; https://www.youtube.com/watch?v=HNAym0wyVe4; abgerufen am 2.1.2024.

Zimmermann, Dieter (Regie): *Was geht – Die Fantastischen Vier*, CP Medien, Filmareal, Warner Bros., Deutschland 2001.

Podcast: »Europa Radio VIP Talk, MfG: Michi Beck von Die Fantastischen Vier «; https://open.spotify.com/episode/6QeGkLzaluyj JWiwCqTvAb?si=a27e69dee1d84565; abgerufen am 30.12.2023.

Podcast: »Songpoeten: Episode 7 – Michi Beck«; https://open.spotify.com/episode/7l5NOXot2IMflI3CGQUano?si=9e894b768993495c; abgerufen am 30.12.2023.

Niemczyk, Ralf: *Die Fantastischen Vier: Die letzte Besatzermusik. Die Autobiographie, aufgeschrieben von Ralf Niemczyk*, Köln 1999.

4:99

Zeitschriftenartikel: »Talkshow – Die Fantastischen Vier«, in: *Bravo*, Nr. 19, 6. Mai 1999, S. 24.

Podcast: »Songpoeten: Episode 7 – Michi Beck«; https://open.spotify.com/episode/7l5NOXot2IMflI3CGQUano?si=9e894b768993495c; abgerufen am 30.12.2023.

Niemczyk, Ralf: *Die Fantastischen Vier: Die letzte Besatzermusik. Die Autobiographie, aufgeschrieben von Ralf Niemczyk*, Köln 1999.

MfG – Mit freundlichen Grüßen

Podcast: »Songpoeten: Episode 7 – Michi Beck«; https://open.spotify.com/episode/7l5NOXot2IMflI3CGQUano?si=9e894b768993495c; abgerufen am 30.12.2023.

Zimmermann, Dieter (Regie): *Was geht – Die Fantastischen Vier*, CP Medien, Filmareal, Warner Bros., Deutschland 2001.

Niemczyk, Ralf: *Die Fantastischen Vier: Die letzte Besatzermusik. Die Autobiographie, aufgeschrieben von Ralf Niemczyk*, Köln 1999.

Zeitschriftenartikel: »Talkshow – Die Fantastischen Vier«, in: *Bravo*, Nr. 19, 6. Mai 1999, S. 24.

Youtube-Video: »Michi Beck (Interview) 2011 | SWR1 Leute Night«; https://www.youtube.com/watch?v=HNAym0wyVe4; abgerufen am 2.1.2024.

Youtube-Video: »Die Fantastischen Vier – VIVA Interview (1999)«; https://www.youtube.com/watch?v=Ubz7pz3OK1w; abgerufen am 2.1.2024.

Youtube-Video: »Nun, da sich der Vorhang der Nacht von der Bühne hebt kann das Spiel beginnen ...«; https://www.youtube.com/watch?v=nTCYSbBhW0w; abgerufen am 2.1.2023.

Dreierpack

Zeitschriftenartikel: »Die Fantastischen Vier – Fanta 4 verhaftet!«, in: *Bravo*, Nr. 30, 22. Juli 1999, S. 18.

Youtube-Video: »ORGA.TV vom 07.07.1999 Interview mit Smudo (Die Fantastischen Vier)«; https://www.youtube.com/watch?v=iD-QojOhAug; abgerufen am 2.1.2024.

Podcast: »Songpoeten: Episode 7 – Michi Beck«; https://open.spotify.com/episode/7l5NOXot2IMfI3CGQUano?si=9e894b768993495c; abgerufen am 30.12.2023.

Website: Sat.1 Frühstücksfernsehen: »Die Fanta 2 im Talk«; https://www.sat1.de/serien/sat1-fruehstuecksfernsehen/videos/die-fanta-2-im-talk; abgerufen am 2.1.2024.

Unplugged

Die Fantastischen Vier – Unplugged, Four Music, Columbia, Deutschland 2001.

Youtube-Video: »MTV Unplugged 2 mit den Fantastischen 4 – Teil 1«; https://www.youtube.com/watch?v=Fu8wwyabp4k; abgerufen am 2.1.2024.

Youtube-Video: »MTV Unplugged 2 mit den Fantastischen 4 – Teil 2«; https://www.youtube.com/watch?v=hRQBeHbKlBk; abgerufen am 2.1.2024.

Website: Chexx: »Im Gespräch mit … Thomas D «; https://chexx.de/
index.php/kultur-musik-theater-buehne-film/im-gespraech-mit-
thomas-d; abgerufen am 9.12.2023.

Viel

Website: laut.de: »»Aggro Berlin finden wir super««;
https://www.laut.de/Fanta-4/Interviews/Aggro-Berlin-finden-wir-
super-27-09-2004-243; abgerufen am 1.1.2024.

Zeitschriftenartikel: »»Bei uns geht's um Fanta 4, nicht Hartz 4««, in:
Stern online; https://www.stern.de/kultur/musik/interview--bei-
uns-geht-s-um-fanta-4--nicht-hartz-4--3549704.html; abgerufen am
1.1.2024.

Youtube-Video: »Viva Plus News | Die Fantastischen Vier (Interview)
2004«; https://www.youtube.com/watch?v=IuSWH9V3yGA; abgerufen am 2.1.2024.

Youtube-Video: »Die Fantastischen Vier – Feat. (VIVA Doku 2004)«;
https://www.youtube.com/watch?v=vVIuRBxcMug; abgerufen am
30.12.2023.

Youtube-Video: »MTV TRL | Michi Beck & Smudo (Interview) 2004«;
https://www.youtube.com/watch?v=CjdBlJWSDGo; abgerufen
am 2.1.2024.

Website: Planet Interview: »Thomas D – Wir stellen gerne alles in
Frage«; https://www.planet-interview.de/interviews/thomas-
d/34367/; abgerufen am 2.1.2024.

Im Kino

Podcast: »Europa Radio VIP Talk, MfG: Michi Beck von Die Fantastischen Vier«; https://open.spotify.com/episode/6QeGkLzaluyj
JWiwCqTvAb?si=a27e69dee1d84565; abgerufen am 30.12.2023.

Podcast: »SPRICH:STUTTGART, Folge 66: Michi Beck ist zu Gast
bei SPRICH:STUTTGART«; https://open.spotify.com/episode/
0U8q1uVql9WK9ZwYIs7EMY?si=417f7f49f0404741; abgerufen am
29.12.2023.

Podcast: »Kino oder Couch: Smudo – Die ›Star Wars‹ Hörspiel Schallplatte haben wir jeden Abend zum Einschlafen gehört«; https://
open.spotify.com/episode/07r4FH1lrIkoUdqTV68YlH?si=dUE-
s4pAKSASvlimb30Ebgw; abgerufen am 2.1.2024.

Podcast: »JOKE FM – Der Comedy Podcast: Interview mit Smudo zu
Angry Birds 2 – Der Film«; https://open.spotify.com/episode/

2rrTi8dkg5xshFhEigwcNk?si=aEyljRryRzqA8CklXYAgWg; abgerufen am 2.1.2024.

Website: VIBE: »Die Fantastischen Vier – Interview«; https://www.minimag.tv/page/15304/19247/die-fantastischen-vier-interview.html; abgerufen am 1.1.2024.

Unter Wasser

Podcast: »Greator – Inspiration, Motivation & Erfolg, #1048: Persönliches WACHSTUM durch Musik // Thomas D von den Fanta 4«; https://open.spotify.com/episode/1wNpnZxwlQXjXlbya1obwJ?si=eAtLmoJiTjiPaIMgw-aM7Q; abgerufen am 30.12.2023.

Wikipedia-Seite: »Erdbeben im Indischen Ozean 2004«; https://de.wikipedia.org/wiki/Erdbeben_im_Indischen_Ozean_2004; abgerufen am 2.1.2024.

Fornika

Podcast: »Songpoeten: Episode 7 – Michi Beck«; https://open.spotify.com/episode/7l5NOXot2IMflI3CGQUano?si=9e894b768993495c; abgerufen am 30.12.2023.

Zeitschriftenartikel: »Die Fantastischen Vier – ›Fornika‹ entstand im ›Kannibalen-Zuber‹«, in: *Stern online*; https://www.stern.de/kultur/musik/die-fantastischen-vier--fornika--entstand-im--kannibalen-zuber--3361936.html; abgerufen am 1.1.2024.

Website: VIBE: »Die Fantastischen Vier – Interview«; https://www.minimag.tv/page/15304/19247/die-fantastischen-vier-interview.html; abgerufen am 1.1.2024.

Website: Chexx: »Im Gespräch mit … Thomas D «; https://chexx.de/index.php/kultur-musik-theater-buehne-film/im-gespraech-mit-thomas-d; abgerufen am 9.12.2023.

Heimspiel

Podcast: »NBE – Die Nilz Bokelberg Erfahrung: Smudo & Nilz«; https://open.spotify.com/episode/0OoO6sg0qHvujLpTRzP9rk?si=661df7d29c364c14; abgerufen am 29.12.2023.

Podcast: »SPRICH:STUTTGART, Folge 66: Michi Beck ist zu Gast bei SPRICH:STUTTGART«; https://open.spotify.com/episode/0U8q1uVql9WK9ZwYIs7EMY?si=417f7f49f0404741; abgerufen am 29.12.2023.

Youtube-Video: »Michi Beck (Interview) 2011 | SWR1 Leute Night«; https://www.youtube.com/watch?v=HNAym0wyVe4; abgerufen am 2.1.2024.

Wikipedia-Seite: »Heimspiel (Album)«; https://de.wikipedia.org/wiki/Heimspiel_(Album); abgerufen am 2.1.2024.

Wikipedia-Seite: »Die Fantastischen Vier«; https://de.wikipedia.org/wiki/Die_Fantastischen_Vier; abgerufen am 2.1.2024.

Website: Cannstatter Zeitung: »2009: Die Fantastischen Vier genießen ihr ›Heimspiel‹«; https ://www.cannstatter-zeitung.de/inhalt.der-20-geburtstag-wurde-auf-dem-cannstatter-wasen-gefeiert-2009-die-fantastischen-vier-geniessen-ihr-heimspiel.e089c23c-16c6-4e8f-86fe-5ad75160f02d.html; abgerufen am 8.1.2024.

Fantasie

Zeitungsartikel: »›Die Fantastischen Vier‹ im BILD-Interview: Mein Fünfer mit den Fantastischen Vier«, in: *Bild online*; https://www.bild.de/unterhaltung/musik/die-fantastischen-vier/bild-interview-neues-album-fuer-dich-immer-noch-fanta-sie-12379064.bild.html; abgerufen am 1.1.2024.

Website: Wildwechsel: »Interview – Michi Beck von den Fantastischen 4«; https://www.wildwechsel.de/ww-interview-michi-beck-von-fanta-4/; abgerufen am 1.1.2024.

Website: Volume: »Michi Beck im Interview – Für dich immer noch Michi Beck«; https://www.volume.at/musik/interviews/michi-beck-im-interview-fuer-dich-immer-noch-michi-beck/; abgerufen am 1.1.2024.

The Voice

Podcast: »SPRICH:STUTTGART, Folge 66: Michi Beck ist zu Gast bei SPRICH:STUTTGART«; https://open.spotify.com/episode/0U8q1uVql9WK9ZwYIs7EMY?si=417f7f49f0404741; abgerufen am 29.12.2023.

Podcast: »Greator – Inspiration, Motivation & Erfolg, #1048: Persönliches WACHSTUM durch Musik // Thomas D von den Fanta 4«; https://open.spotify.com/episode/1wNpnZxwlQXjXlbya1obwJ?si=eAtLmoJiTjiPaIMgw-aM7Q; abgerufen am 30.12.2023.

Podcast: »Podcast: Fiete Gastro – Der auch kulinarische Podcast, #65 MFG* *mit Fietes Grüßen – mit Smudo«; https://open.spotify.

com/episode/4dXyHJJwFMfBRDOyuzZble?si=f177f12a590942e0; abgerufen am 2.1.2024.

Website: Sat.1 Frühstücksfernsehen: »Die Fanta 2 im Talk«; https://www.sat1.de/serien/sat1-fruehstuecksfernsehen/videos/die-fanta-2-im-talk; abgerufen am 2.1.2024.

Website: Neue Westfälische: »Thomas D von den Fantastischen Vier im Interview«; https://www.nw.de/nachrichten/kultur/musik/musik/20796956_Thomas-D-von-den-Fantastischen-Vier-im-Interview.html; abgerufen am 1.1.2024.

Rekord

Youtube-Video: »Interview: 25 Jahre ›Die Fantastischen Vier‹ mit neuem Album und Film«; https://www.youtube.com/watch?v=jPDvwE7F_UQ; abgerufen am 2.1.2024.

Website: Volume: »Lorbeeren mit Rekord – Die Fantastischen Vier im Interview«; https://www.volume.at/musik/interviews/lorbeeren-mit-rekord/; abgerufen am 2.1.2024.

Zeitungsartikel: »Fanta Vier: ›Wir haben nur uns‹«, in: *Augsburger Allgemeine online*; https://www.augsburger-allgemeine.de/panorama/Neues-Album-Rekord-Fanta-Vier-Wir-haben-nur-uns-id31771142.html; abgerufen am 1.1.2024.

Zeitungsartikel: »Smudo und Michi Beck: Darum sind wir bei ›The Voice Of Germany‹«, in: *Augsburger Allgemeine online*; https://www.augsburger-allgemeine.de/panorama/The-Voice-Smudo-und-Michi-Beck-Darum-sind-wir-bei-The-Voice-of-Germany-id31781277.html; abgerufen am 1.1.2024.

Supersense Block Party

Podcast: »Songpoeten: Episode 7 – Michi Beck«; https://open.spotify.com/episode/7l5NOXot2IMflI3CGQUano?si=9e894b768993495c; abgerufen am 30.12.2023.

Website: Frizz Mag: »›Wir sind einfach neugierig‹: Die Fantasischen Vier feiern die ›Supersense Block Party‹«: https://www.frizzmag.de/people/kultur/smudo_die_fanstastischen_vier_interview_supersense/; abgerufen am 1.1.2024.

Youtube-Video: »Interview mit Thomas D (Die Fantastischen Vier)« mit neuem Album und Film; https://www.youtube.com/watch?v=-6ppyJzNbVg; abgerufen am 2.1.2024.

Zusammen

Schwendemann, Thomas (Regie): *Wer 4 sind – Die Fantastischen Vier*, Kick Film, NFP, Deutschland 2019.

Podcast: »Talk mit Thees: Smudo«; https://open.spotify.com/episode/3UsUZIpEs3ijm9eaIG2F9H?si=c5607ae1a50848f5; abgerufen am 30.12.2023.

Youtube-Video: »Smudo und Michi Beck von den Fantastischen Vier im Interview mit Markus Kavka«; https://www.youtube.com/watch?v=OQFq6s-TMvQ; abgerufen am 2.1.2024.

Ypsilon wie YEAH!

Youtube-Video: »Die Fantastischen Vier | BACKSTAGE | Rockpalast | 2015«; https://www.youtube.com/watch?v=6CRqgM9UQ6U; abgerufen am 2.1.2024.

Schwendemann, Thomas (Regie): *Wer 4 sind – Die Fantastischen Vier*, Kick Film, NFP, Deutschland 2019.

Youtube-Video: »Smudo und Michi Beck von den Fantastischen Vier im Interview mit Markus Kavka«; https://www.youtube.com/watch?v=OQFq6s-TMvQ; abgerufen am 2.1.2024.

Michi macht Mode

Schwendemann, Thomas (Regie): *Wer 4 sind – Die Fantastischen Vier*, Kick Film, NFP, Deutschland 2019.

Podcast: »Europa Radio VIP Talk, MfG: Michi Beck von Die Fantastischen Vier«; https://open.spotify.com/episode/6QeGkLzaluyjJWiwCqTvAb?si=a27e69dee1d84565; abgerufen am 30.12.2023.

Zeitschriftenartikel: »Michi Beck – Er hat sein eigenes Modelabel gegründet«, in: *Stern online*; https://www.stern.de/lifestyle/mode/michi-beck-er-hat-sein-eigenes-modelabel-gegruendet-8155416.html; abgerufen am 1.1.2024.

Website: Welt: »Mode – Beck to Beck: Die Modedesignschule hat mich nicht genommen. Das war Schicksal«; https://www.welt.de/iconist/mode/article179015884/Beck-to-Beck-Die-Modedesignschule-hat-mich-nicht-genommen-Das-war-Schicksal.html; abgerufen am 1.1.2024.

Podcast: »SPRICH:STUTTGART, Folge 66: Michi Beck ist zu Gast bei SPRICH:STUTTGART«; https://open.spotify.com/episode/0U8q1uVql9WK9ZwYIs7EMY?si=417f7f49f0404741; abgerufen am 29.12.2023.

Website: Fashion Network: »Beck to Beck: Pop-up-Store zur Berlin Fashion Week«: https://de.fashionnetwork.com/news/Beck-to-beck-pop-up-store-zur-berlin-fashion-week,984689.html; abgerufen am 1.1.2024.

Luca

Podcast: »Podcast: Fiete Gastro – Der auch kulinarische Podcast, #65 MFG* *mit Fietes Grüßen – mit Smudo«; https://open.spotify.com/episode/4dXyHJJwFMfBRDOyuzZble?si=f177f12a590942e0; abgerufen am 2.1.2024.

Podcast: »NBE – Die Nilz Bokelberg Erfahrung: Smudo & Nilz«; https://open.spotify.com/episode/0OoO6sg0qHvujLpTRzP9rk?si=661df7d29c364c14; abgerufen am 29.12.2023.

Website: Welt: »Alle wollen die Corona-App – Das geniale Marketing der Luca-Macher«; https://www.welt.de/wirtschaft/article230215157/Luca-App-in-der-Kritik-das-Beste-daran-ist-das-geniale-Marketing.html; abgerufen am 2.1.2024.

Podcast: »Kino oder Couch: Smudo – Die ›Star Wars‹ Hörspiel Schallplatte haben wir jeden Abend zum Einschlafen gehört«; https://open.spotify.com/episode/07r4FH1lrIkoUdqTV68YlH?si=dUEs4pAKSASvlimb30Ebgw; abgerufen am 2.1.2024.

Website: n-tv: »Luca-App setzt Erfassung von Kontaktdaten aus«; https://www.n-tv.de/panorama/Luca-App-setzt-Erfassung-von-Kontaktdaten-aus-article23261926.html; abgerufen am 2.1.2024.

#LikeABosch

Youtube-Video: »Smarte & nachhaltige Lösungen für dein Zuhause von Bosch – Lebe fantastisch #LikeABosch«; https://www.youtube.com/watch?v=qF_uVOmaa6c; abgerufen am 2.1.2024.

Youtube-Video: »Lebe fantastisch #LikeABosch – das Making-Of-Video | Bosch«; https://www.youtube.com/watch?v=am-81_y9d6o; abgerufen am 2.1.2024.

Youtube-Video: »Die Fantastischen Vier – Like a Bosch – IFA 2022«; https://www.youtube.com/watch?v=Onb8j2a-6ig; abgerufen am 2.1.2024.

Website: Presseportal: »Die Fantastischen Vier komponieren Rap-Song für Bosch und übernehmen Hauptrollen im Videospot«; https://www.presseportal.de/pm/60282/5309600; abgerufen am 2.1.2024.

The Liechtenstein Tapes

Podcast: »Talk mit Thees: Smudo«; https://open.spotify.com/episode/
3UsUZIpEs3ijm9eaIG2F9H?si=c5607ae1a50848f5; abgerufen am
30.12.2023.

Youtube-Video: »Die Fantastischen Vier | Open Air Lumnezia
2023 | Interview | RTR Musica«; https://www.youtube.com/
watch?v=kXE5hRsY-yQ; abgerufen am 2.1.2024.

Wikipedia-Seite: »Liechtenstein«; https://de.wikipedia.org/wiki/
Liechtenstein; abgerufen am 2.1.2024.

Zu Besuch in Entenhausen

Website: Egmont: »Pressemitteilung – Die Fantastischen Vier geben
erstes Konzert im Micky Maus-Magazin«; https://www.egmont.
de/pressemitteilungen/die-fantastischen-vier-geben-erstes-
konzert-im-micky-maus-magazin/; abgerufen am 2.1.2024.

Website: SWR: »Die Fantastischen Vier aus Stuttgart im Micky
Maus Comic-Heftchen«; https://www.swr.de/swraktuell/baden-
wuerttemberg/stuttgart/fanta-vier-im-micky-mouse-comic-
heft-100.html; abgerufen am 2.1.2024.

Zeitschriftenartikel: »Dagobert Duck – Die Fantastischen Vier«, in:
Micky Maus Magazin, Nr. 11, 13. Mai 2022, S. 5 f.

Freundschaft

Zeitschriftenartikel: »Die Fantastischen 4 – Alles läuft rund«, in:
Soundcheck 01/11, S. 26 ff.

Youtube-Video: »Montafon.TV – Die Fantastischen Vier beim Interview«; https://www.youtube.com/watch?v=FDS7Szl5hkk; abgerufen am 2.1.2024.

Fanta 4 ever

Youtube-Video: »Die Fantastischen Vier | Open Air Lumnezia
2023 | Interview | RTR Musica«; https://www.youtube.com/
watch?v=kXE5hRsY-yQ; abgerufen am 2.1.2024.

Youtube-Video: »Smudo und Michi Beck von den Fantastischen Vier
im Interview mit Markus Kavka«; https://www.youtube.com/
watch?v=OQFq6s-TMvQ; abgerufen am 2.1.2024.

Schwendemann, Thomas (Regie): *Wer 4 sind – Die Fantastischen
Vier*, Kick Film, NFP, Deutschland 2019.

ÜBER DEN AUTOR

Timon Menge ist freischaffender Autor, Übersetzer und Musikjournalist. Nachdem er unter anderem als Kfz-Mechaniker und in einem Pflegedienst tätig war, studierte er Sozialwissenschaften an der Ruhr-Universität Bochum und folgte schließlich seiner Berufung als Autor. Seitdem verfasst er regelmäßig Texte und Beiträge für diverse Auftraggeber, darunter WDR, RADIO BOB!, das Wacken Open Air und Universal Music.

144 Seiten
10,00 € (D) | 10,30 € (A)
ISBN 978-3-7423-2483-2

Timon Menge

Die Toten Hosen – über 40 Jahre Punkrock

Von Pionieren des Punks zur Kultband

Von 1982 bis in die Gegenwart. Von Opel-Gang über Opium fürs Volk bis zu den aktuellen Hit-Alben.

Seit über 40 Jahren begeistern Die Toten Hosen ihre Fans mit grandiosen Songs zum Mitgrölen sowie exzessiven Live-Auftritten. Doch warum waren die Punkrocker einst für die Neuweihung einer bayerischen Kirche verantwortlich? In welchem Land sind die »Hosen« sogar zu Ehrenbürgern ernannt worden? Und was hat ein Roman von Anthony Burgess mit dem Durchbruch der Punkband zu tun? Die Toten Hosen haben seit ihrer Gründung einiges erlebt. Die genialsten Geschichten und sagenhaftesten Momente hat Timon Menge nun pointiert und auf äußerst anregende Weise zusammengetragen.

riva